Bornträger

# MySQL 5
# für Schnelleinsteiger

D1662726

Axel Bornträger

FRANZIS
ECHT EINFACH

# MySQL 5

## FÜR SCHNELLEINSTEIGER

Mit 93 Abbildungen

**Bibliografische Information der Deutschen Bibliothek**

Die Deutsche Bibliothek verzeichnet diese Publikation in der Deutschen Nationalbibliografie; detaillierte Daten sind im Internet über **http://dnb.ddb.de** abrufbar.

# Wichtiger Hinweis

Alle Angaben in diesem Buch wurden vom Autor mit größter Sorgfalt erarbeitet bzw. zusammengestellt und unter Einschaltung wirksamer Kontrollmaßnahmen reproduziert. Trotzdem sind Fehler nicht ganz auszuschließen. Der Verlag und der Autor sehen sich deshalb gezwungen, darauf hinzuweisen, dass sie weder eine Garantie noch die juristische Verantwortung oder irgendeine Haftung für Folgen, die auf fehlerhafte Angaben zurückgehen, übernehmen können. Für die Mitteilung etwaiger Fehler sind Verlag und Autor jederzeit dankbar.

Internetadressen oder Versionsnummern stellen den bei Redaktionsschluss verfügbaren Informationsstand dar. Verlag und Autor übernehmen keinerlei Verantwortung oder Haftung für Veränderungen, die sich aus nicht von ihnen zu vertretenden Umständen ergeben.

Evtl. beigefügte oder zum Download angebotene Dateien und Informationen dienen ausschließlich der nicht gewerblichen Nutzung. Eine gewerbliche Nutzung ist nur mit Zustimmung des Lizenzinhabers möglich.

**Satz:** EDV-Service Elke Niedermair
**art & design:** www.ideehoch2.de
**Druck:** Legoprint S.p.A., Lavis (Italia)
Printed in Italy

**ISBN** 3-7723-**6337-7**

# Inhaltsverzeichnis

Inhaltsverzeichnis

Inhaltsverzeichnis

Inhaltsverzeichnis

Inhaltsverzeichnis

9

Inhaltsverzeichnis

Inhaltsverzeichnis

# 1 Einleitung

■ *Dieses Buch bietet Ihnen die Möglichkeit, in kürzester Zeit den Umgang mit MySQL und PHP zu erlernen. Schon nach dem ersten Praxisbeispiel in Kapitel 3 können Sie eine an Ihre Bedürfnisse angepasste, datenbankgestützte Internetumfrage erstellen. Am Ende des Buches werden Sie dann so weit sein, Ihren eigenen Online-Shop zu entwerfen.*

*Aktuelle Infos zu diesem Kapitel:*

■ *Geben Sie unter* www.comborn.de/mysql *folgende Info-Nr ein:* 01my111x.

Wenn für Sie das Entwerfen von Webseiten ein Thema ist, dann sollten Sie sich mit MySQL™ beschäftigen, auch wenn Sie bisher mit Datenbanken nichts am Hut hatten.

## 1.1 MySQL bringt Dynamik ins Internet

Ein immer größerer Teil von Webseiten hat heute eine Datenbankanbindung und wird dynamisch erzeugt. Augenfälligste Beispiele hierfür sind Online-Shops oder die allgegenwärtigen Online-Umfragen. MySQL hat sich in diesem Bereich einen festen Platz erobert. Besonders verbreitet ist hierbei die Kombination von MySQL mit der Programmiersprache PHP.

## 1.2 An wen richtet sich dieses Buch?

Möchten Sie gerne dynamische Webseiten entwerfen? Wollen Sie dabei den vollen Funktionsumfang nutzen, der durch die Datenbankanbindung ermöglicht wird? Brauchen Sie schnell praktische Ergebnisse? Dann sind Sie hier richtig.

Dieses Buch ist als Einführung in das Thema MySQL gedacht. Dabei steht die Programmierung von MySQL mit PHP im Mittelpunkt. Je nach Ihrem persönlichen Kenntnisstand können Sie das Buch auf unterschiedliche Art nutzen.

### Auch ohne Vorkenntnisse zum Ziel

Der Aufbau des Buches und die praktischen Übungen sind so konzipiert, dass ein Einstieg auch dann problemlos möglich ist, wenn Sie bisher weder mit Datenbanken noch mit dem Thema Programmierung zu tun hatten.

Neben den Begriffserklärungen in Kapitel 15 finden Sie in Kapitel 4 eine Kurzeinführung in HTML und in Kapitel 5 eine Kurzeinführung in PHP. HTML ist die Sprache, in der Webseiten geschrieben werden, und mit PHP lassen sich dynamische Webseiten erstellen.

Anhand der Beschreibung in Kapitel 13 können Sie ganz leicht eine Testumgebung auf Ihrem PC einrichten. Damit haben Sie dann die Möglichkeit, Ihre mit MySQL und PHP erstellten Neuentwicklungen zunächst auf Ihrem PC auszuprobieren, bevor Sie diese im Internet veröffentlichen.

## Grundlagenkenntnisse vertiefen

Wie gesagt ist es nicht erforderlich, dass Sie Programmier- oder Datenbankkenntnisse mitbringen. Es schadet aber auch nichts, wenn Sie sich schon ein wenig auskennen! Anhand des Buches können Sie Ihre bereits erworbenen Erkenntnisse direkt auf MySQL und PHP übertragen.

Falls Sie beim Entwerfen von Webseiten bereits den Umgang mit der Seitenbeschreibungssprache HTML erlernt haben, wird es Ihnen leicht fallen, die Beispiele aus dem Buch zu erweitern und schnell Ihre eigenen Ideen zu verwirklichen. Besonders dann, wenn Sie auch noch das PHP-Buch aus der »echt-einfach«-Reihe gelesen haben, bringen Sie die besten Voraussetzungen mit, um jetzt beim Thema MySQL in die Tiefe zu gehen.

## Schnelleinstieg für Profis

Selbst wenn Sie schon mit anderen Datenbanken arbeiten und die ein oder andere Programmiersprache beherrschen, kann dieses Buch für Sie nützlich sein. Sie erhalten einen guten Überblick über die MySQL-Funktionen und die Möglichkeiten, die PHP zur Programmierung bietet.

Für den Fall, dass Sie das verbreitete Datenbankprogramm Access nutzen, dürfte Sie auch Kapitel 12 interessieren, in dem der so genannte ODBC-Zugriff auf MySQL beschrieben ist. Über diese Schnittstelle ist es möglich, eine MySQL-Datenbank direkt von Access aus zu pflegen.

## 1.3 Was dieses Buch bietet

Alle wichtigen Aspekte der Entwicklung dynamischer Webseiten mit MySQL und PHP lernen Sie in diesem Buch anhand von praktischen Beispielen kennen. Um ein mögliches Einsatzgebiet zu zeigen, stelle ich Ihnen die Beispiele als dynamische Erweiterungen der Website einer »Schreinerei Börner« vor. Die vorgestellten Lösungen können Sie mit wenigen Änderungen an Ihre Erfordernisse anpassen und in Ihre eigene Website einbauen.

### Das erwartet Sie in den einzelnen Kapiteln

Im nächsten Kapitel erhalten Sie eine Einführung in das Thema datenbankgestützte Webseiten. Dabei möchte ich Ihnen vor allem einen Überblick geben über das, was sich alles mit MySQL machen lässt.

In Kapitel 3 folgt dann gleich das erste Praxisbeispiel. Ich zeige Ihnen hier Schritt für Schritt, wie Sie mit MySQL und PHP eine Online-Umfrage erstellen können. Wenn Sie dieser Anleitung folgen, kommen Sie auch zum Ergebnis, ohne sich vorher mit der Theorie quälen zu müssen. Trotzdem ist etwas Theorie natürlich unumgänglich. Aber ich hoffe, dass Sie nach dem praktischen Einstieg ganz begierig darauf sind, mehr über die theoretischen Grundlagen zu erfahren!

Die Kapitel 4 und 5 mit den Kurzeinführungen in HTML und PHP richten sich insbesondere an diejenigen, die in diesen Bereichen keine oder nur wenig Erfahrungen haben.

In den Kapiteln 6 bis 8 steht dann die MySQL-Theorie im Mittelpunkt, wobei ich mich auch hier bemühe, die Erläuterungen anhand kleiner praktischer Beispiele zu verdeutlichen. Im Grundlagenkapitel 6 gehe ich mit Ihnen die beim Entwurf einer Datenbank notwendigen Schritte durch. In Kapitel 7 lernen Sie, wie Sie mit der Abfragesprache SQL die in einer Datenbank enthaltenen Informationen auswerten. In Kapitel 8 geht es um die Programmierung des Datenbankzugriffs mit PHP. Dabei zeige ich Ihnen, wie Sie sich einen Fundus von wiederverwertbaren Programmelementen anlegen.

In den folgenden Praxiskapiteln 9 bis 11 wird die zuvor in Kapitel 8 angelegte Sammlung von Funktionen verwendet und erweitert. Diese in einer so genannten Klasse zusammengefasste Sammlung können Sie später dann auch in Ihren eigenen Anwendungen einsetzen.

Bei der Logdatei-Auswertung in Kapitel 9 handelt es sich um ein vergleichsweise einfaches Beispiel, das aber für Sie trotzdem einen großen praktischen Nutzen haben kann. Sie können hiermit eine an Ihre Vorgaben angepasste grafische Auswertung der Zugriffe auf Ihre Seiten erstellen.

Der Mailer in Kapitel 10 ist etwas komplexer im Aufbau. Beim Entwurf der Datenbank wird auf die Struktur zurückgegriffen, die Sie zuvor im Grundlagenkapitel 6 entwickelt haben. Mit dem Mailer können Sie Adressen aus einem Adressbestand nach unterschiedlichen Kategorien auswählen und an alle gewählten Adressen eine E-Mail verschicken.

Beim Entwurf des Online-Shops in Kapitel 11 wird auf die Erkenntnisse aus den vorangegangenen Kapiteln aufgebaut. Ich stelle Ihnen eine einfache, aber voll funktionstüchtige Shop-Variante vor. Diese können Sie leicht in unterschiedliche Webseiten einbinden und den jeweiligen Erfordernissen anpassen.

All diejenigen, die mit Access arbeiten, finden in Kapitel 12 eine Beschreibung des Zugriffs auf MySQL mit Access.

Den Abschluss bilden Kapitel 13 mit der Installationsbeschreibung für die Testumgebung auf Ihrem PC und Kapitel 14 mit der Beschreibung der erforderlichen Installationsschritte beim Einsatz von MySQL im Internet.

Viele grundlegende Begriffe zu den Themen Datenbank, Internet und Programmierung sind in Kapitel 15 kurz erklärt. Wenn Sie also beim Lesen auf ein Ihnen nicht geläufiges Wort stoßen, schlagen Sie einfach im Index am Ende des Buches nach, um die entsprechende Erklärung zu finden.

## Schreibweisen

Damit Sie sich beim Lesen schneller zurechtfinden, werden im Buch unterschiedliche Schriftarten verwendet.

Namen und Bezeichnungen von Dateien und Pfaden wurden *kursiv* in den Text aufgenommen.

Alle Meldungen und Texte, die in Menüs, Befehlen, Dialogfeldern und Kontrollelementen verwendet werden, sind in der folgenden SCHRIFT formatiert. Sind mehrere Befehle hintereinander auszuwählen, werden sie durch Schrägstriche getrennt, beispielsweise DATEI / ÖFFNEN.

Programmierte Zeilen werden in Schreibmaschinenschrift aufgelistet.

Hier sind Sie aufgefordert,

▶ 1      Schritt für

▶ 2      Schritt nachzuvollziehen.

Kästchen vor einer Zeile kennzeichnen alternative Möglichkeiten. Hier geht es

▪      entweder so

▪      oder so.

▶      **Hinweis, Tipp oder Warnung**

Besonders gekennzeichnet erscheinen Hinweise, Warnungen oder Tipps, die für den Umgang mit MySQL nützlich sind.

## 1.4 Aktuelle Infos und Downloads

Auf meiner Website können Sie unter *www.comborn.de/mysql* die im Buch vorgestellten Beispiele ausprobieren und die jeweils benötigten Dateien herunterladen. Außerdem finden Sie hier aktuelle Infos rund um MySQL.

### Aktuelle Informationen zu den einzelnen Kapiteln

Durch die Weiterentwicklung von MySQL und PHP kann es sein, dass sich im Laufe der Zeit neue Möglichkeiten ergeben oder Änderungen am bisherigen Vorgehen nötig werden. Damit Sie immer auf dem neusten Stand sind, finden Sie auf meiner Website aktuelle Ergänzungen zu den einzelnen Kapiteln.

Um die aktuellen Kapitel-Infos angezeigt zu bekommen, geben Sie auf *www.comborn.de/mysql* unter »Infos und Downloads« die am

Anfang des jeweiligen Kapitels aufgeführte »Info-Nr« ein. Zum Ausprobieren können Sie für dieses Kapitel die Info-Nr 01my111x verwenden.

### Alle Beispiele zum Download

Wenn Sie, wie oben beschrieben, auf *www.comborn.de/mysql* die aktuellen Infos zum Kapitel aufgerufen haben, können Sie von dort auch die benötigten Dateien für alle im Kapitel vorgestellten praktischen Beispiele herunterladen.

**Kein Abtippen erforderlich**

Für die Praxisbeispiele stehen immer alle benötigten PHP-Skripte und eine Datei mit der Endung *.sql* zum Download. Die *.sql*-Datei enthält alle für den Aufbau der Datenbank erforderlichen SQL-Befehle. Wenn Sie sich das Abtippen der SQL-Befehle ersparen wollen, können Sie diese Datei ganz einfach in phpMyAdmin aufrufen und haben damit alle erforderlichen Tabellen angelegt. Das genaue Vorgehen ist in Kapitel 7 unter Abschnitt 7.5, »SQL-Befehle speichern und laden«, beschrieben.

Ich wünsche Ihnen gutes Gelingen bei dem, was Sie mit MySQL vorhaben, und hoffe, dass Ihnen dieses Buch dabei eine Hilfe ist!

Axel Bornträger

# 2 Einführung: datenbankgestützte Webseiten

Das lernen Sie in diesem Kapitel:

- *Zunächst erhalten Sie einen groben Überblick, in welchen Bereichen sich MySQL als Internetdatenbank bewährt hat.*

- *Danach stelle ich Ihnen anhand einiger Beispiele das Grundprinzip vor, nach dem datenbankgestützte Webseiten aufgebaut sind.*

- *Am Ende des Kapitels geht es dann noch kurz um die Bedingungen, unter denen Sie MySQL kostenlos einsetzen können.*

*Aktuelle Infos zu diesem Kapitel:*

- *Geben Sie unter* www.comborn.de/mysql *folgende Info-Nr ein:* 02my222h.

## 2.1 Wer setzt MySQL im Internet ein?

Webseiten, die sich auf eine MySQL-Datenbank stützen, gibt es im Internet zuhauf. MySQL wird sowohl auf privaten Webseiten als auch auf Internetpräsenzen großer Unternehmen eingesetzt.

Auf meiner Webseite *www.comborn.de* finden Sie neben den im Buch vorgestellten Beispielen auch Links zu interessanten MySQL-gestützten Webseiten.

### MySQL ist groß im Kommen

Bei vielen großen Internetangeboten mit hohen Zugriffszahlen steht eine MySQL-Datenbank im Hintergrund.

- Die freie Enzyklopädie *Wikipedia* verwendet MySQL und PHP.
- Bei der Stellenvermittlung auf *www.jobpilot.de* kommt MySQL zum Einsatz.
- Beim Finanzportal von *Yahoo!* wird MySQL für die aktuelle Schlagzeilenübersicht genutzt.
- Das Autoportal *mobile.de* verwaltet Auto- und Kundendaten mit MySQL.

Diese Auflistung ist natürlich weder vollständig noch macht sie eine Aussage über die technische und inhaltliche Qualität der einzelnen Seiten. Vielmehr möchte ich Ihnen damit eine Vorstellung von der Breite des Spektrums geben, in dem sich MySQL-Lösungen bewährt haben (siehe Abbildung 2.1 auf der nächsten Seite).

### MySQL glänzt auch im Kleinen

Viele nützliche Funktionen lassen sich mit MySQL auf einfache Weise umsetzen. Ob Online-Shop, Mailer, Online-Umfrage oder eine Möglichkeit zur grafischen Auswertung der Seitenaufrufe – am Ende dieses Buches werden Sie all diese Dinge selber erstellen können.

Abb. 2.1: Beispiel für eine auf MySQL basierende Webseite

## 2.2 Verstehen, wie es funktioniert

Das Prinzip datenbankgestützter Webseiten ist immer gleich. Dabei spielt es keine Rolle, ob es sich um ein ausgefeiltes Portal oder um eine einfache Online-Umfrage handelt. Entweder

- werden die in einer Datenbank gesammelten Informationen auf einer Webseite angezeigt oder

- über eine Webseite werden Daten in einer Datenbank eingetragen oder geändert (siehe Abbildung 2.2 auf der nächsten Seite).

Bei den meisten Lösungen geht es sowohl um das Erfassen als auch um das Anzeigen von Daten.

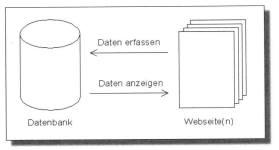

Abb. 2.2: Das
Grundprinzip
datenbankgestützter
Webseiten

## Daten erfassen

Zum Erfassen von Daten kann beispielsweise ein auf einer Webseite befindliches HTML-Formular dienen, über das Benutzer ihre Angaben in die Datenbank eintragen können. Darüber hinaus lassen sich auch eine Reihe von Daten erfassen, für die keine Benutzereingaben erforderlich sind.

### Benutzereingaben erfassen – Beispiel: Newsletter-Abo

Die Abbildung auf der nächsten Seite zeigt, wie eine Benutzereingabe bei der Anmeldung zu einem Newsletter aussehen könnte.

Möchte ein Benutzer den Newsletter der Schreinerei Börner abonnieren, trägt er auf der Webseite seine E-Mail-Adresse ein und klickt auf die EINTRAGEN-Schaltfläche. Damit wird der Eintrag zum in der Datenbank enthaltenen Bestand an E-Mail-Adressen hinzugefügt und steht sofort für den nächsten Versand zur Verfügung.

Aus der Sicht des normalen Benutzers geht es in diesem Beispiel tatsächlich vor allem um das Erfassen von Daten. Eine Anzeige der erfassten Daten ist nicht vorgesehen. Das heißt, es ist nicht gewollt, dass ein Benutzer sich alle eingetragenen E-Mail-Adressen anzeigen lassen kann.

In Kapitel 10 stelle ich Ihnen beim Mailer-Beispiel die praktische Umsetzung dieses Formulars vor.

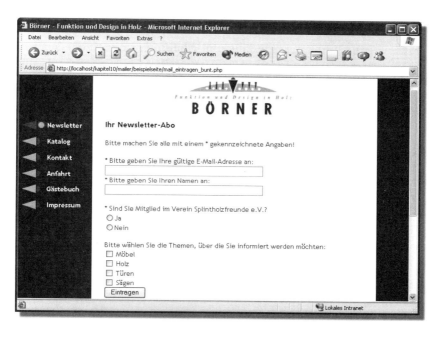

Abb. 2.3: Benutzereingaben auf Webseiten erfassen

## Weitere Informationen erfassen – Beispiel: Logfile

Als Logfile (zu Deutsch Protokolldatei) wird die Datei bezeichnet, in der die Informationen über den Aufruf von Webseiten protokolliert werden. Eine direkte Eingabe durch den Benutzer ist hier nicht erforderlich.

Sobald ein Internetsurfer eine Webseite aufruft, erhält der Webserver, auf dem die Webseite liegt, eine ganze Reihe von Informationen. Ein Zugriff auf diesen Informationsbestand kann beispielsweise über ein PHP-Skript erfolgen. Auf diese Weise lassen sich unter anderem Angaben ermitteln über

- den verwendeten Browser,
- die aufgerufene Seite oder
- die IP-Adresse des Rechners, von dem aus die Webseite aufgerufen wurde (siehe Kapitel 15 unter »IP-Adresse«).

Werden die ermittelten Angaben direkt in eine MySQL-Datenbank geschrieben, ist in der Folge eine einfache und komfortable Auswertung möglich (siehe Bild 2.5 und Kapitel 9). Womit wir beim nächsten Thema wären: dem Anzeigen von Daten.

## Daten anzeigen

Das Anzeigen von Informationen ist natürlich auch auf einer statischen Webseite möglich. Die Stärken einer datenbankgestützten Webseite liegen in der aktuellen und flexiblen Aufbereitung der Daten. Es können Daten angezeigt werden,

- die zuvor von Benutzern eingetragen wurden,

- die automatisch erfasst wurden oder

- die direkt von den Betreibern der Webseite aufgenommen wurden.

Webseiten, deren Datenbasis von den Betreibern und nicht von den Benutzern der Webseite stammen, kommen den statischen Informations-Webseiten am nächsten. Allerdings haben die datenbankgestützten Lösungen erhebliche Vorteile.

### Infos abrufen – Beispiel: Infos zu Artikeln

Nehmen wir an, Sie möchten wissen, wie das von der Schreinerei Börner angebotene Fernsehregal aussieht und was es kostet. Diese Informationen finden Sie über die Artikelübersicht des Online-Shops.

Eine solche Informationsabfrage wäre natürlich auch auf einer statischen Webseite möglich. Bei einem datenbankgestützten Shop können Sie aber im nächsten Schritt leicht eine Bestellung aufnehmen und verarbeiten, was mit statischen Webseiten so nicht zu realisieren ist. Den Online-Shop stelle ich in Kapitel 11 vor.

### Flexible Anzeige – Beispiel: Logfile-Auswertung

Im letzten Abschnitt hatte ich bereits erwähnt, dass sich in einer MySQL-Datenbank erfasste Log-Daten ganz einfach auswerten lassen.

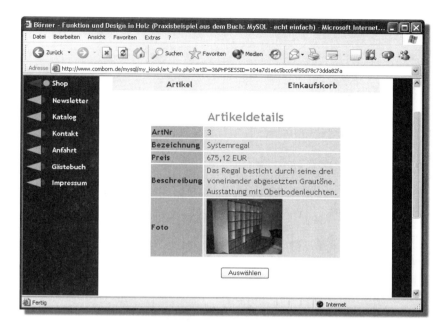

Abb. 2.4: Infos anzeigen lassen zu einem Artikel

In Kapitel 9 können Sie sich mit MySQL und PHP Ihr eigenes Logfile-Analysewerkzeug aufbauen. Die Log-Daten lassen sich hier auch als Balkengrafik anzeigen.

Neben den grafischen Auswertungen der monatlichen Aufrufe kann sich der Benutzer auch tabellarische Übersichten mit Angaben über die verwendeten Browser etc. anzeigen lassen (siehe Abbildung 2.5 auf der nächsten Seite).

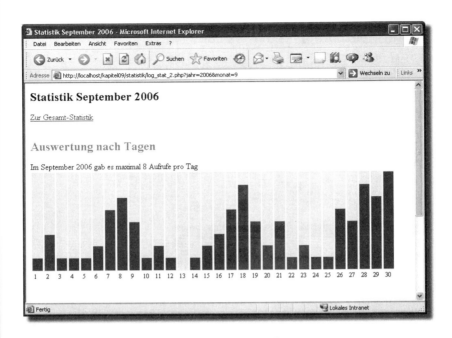

Abb. 2.5: Daten grafisch auswerten

## 2.3 MySQL-Lizenzen

Bevor Sie sich im nächsten Kapitel an die praktische Umsetzung des gerade Gelernten machen, hier noch ein kurzer Hinweis zu den Bedingungen, unter denen MySQL kostenlos eingesetzt werden kann.

Für datenbankgestützte Webseiten (private oder Firmenseiten) können Sie MySQL im Normalfall kostenlos verwenden. MySQL steht dann unter der so genannten GPL-Lizenz. Diese Open-Source-Lizenz (siehe Kapitel 15) erlaubt den kostenlosen Einsatz von MySQL zusammen mit anderer Software, die auch unter der GPL-Lizenz steht. Zwar steht PHP nicht unter der GPL-Lizenz, aber für die Kombination von PHP und MySQL gilt eine Sonderregelung, so dass auch in diesem Fall keine Lizenzkosten für MySQL anfallen.

# 3 Praxisbeispiel: Online-Umfrage

*Das lernen Sie in diesem Kapitel:*

- *Anhand eines ersten Beispiels einer Online-Umfrage können Sie alle grundlegenden Schritte, die zum Aufbau einer datenbankgestützten Webseite erforderlich sind, praktisch ausprobieren. Die theoretische Vertiefung ist dann Thema der nachfolgenden Kapitel.*

*Aktuelle Infos und Downloads zu diesem Kapitel:*

- *Geben Sie unter* www.comborn.de/mysql *folgende Info-Nr ein:* 03my946k.

# 3.1 Inhaltliche Vorbereitung

Wenn Sie datenbankgestützte Webseiten entwerfen, sollten Sie immer zuerst ein paar grundlegende Fragen klären:

- Woher stammen die Daten, die erfasst werden sollen? Gibt es zur Erfassung eine Webseite mit einem HTML-Formular? Wenn ja: Wie sieht die Seite aus?

- Sollen die erfassten Daten angezeigt werden? Wenn ja: Wie viele Auswertungsseiten soll es geben und wie sehen sie aus?

- Wie ist der Ablauf? Was geschieht nach dem Erfassen der Daten? Welche Auswertungsseiten sollen wann angezeigt werden?

- Ist für die Umsetzung der gewünschten Funktionalität tatsächlich eine Datenbank erforderlich? Wenn ja: Wie muss die Datenbank aufgebaut sein? Welche Skripte muss es zum Erfassen, Aufbereiten und Anzeigen der Daten geben?

Auch für unsere Umfrage soll zunächst die Struktur geklärt werden.

## Wie sieht das Umfrageformular aus?

Die Umfragedaten sollen über ein auf einer Webseite enthaltenes HTML-Formular erfasst werden. Das Formular erlaubt dabei eine Auswahl zwischen verschiedenen Optionen.

Zur Teilnahme an der Umfrage muss nach der Auswahl einer Holzart auf die ABSTIMMEN-Schaltfläche geklickt werden.

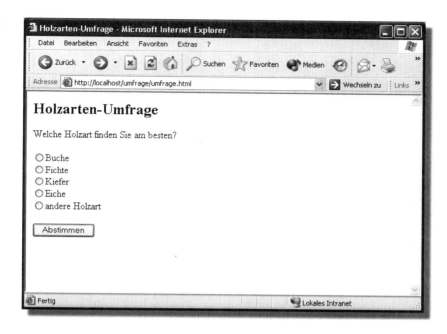

Abb. 3.1: So soll die Umfrage-Webseite später aussehen

## Wie werden die Ergebnisse angezeigt?

Das Ergebnis der Umfrage soll auf einer einzelnen Webseite angezeigt werden (siehe Abbildung 3.2 auf der nächsten Seite).

Die Ergebnisse sollen nach der Anzahl der erhaltenen Stimmen sortiert sein und in Prozent angezeigt werden.

Kapitel 3 – Praxisbeispiel: Online-Umfrage

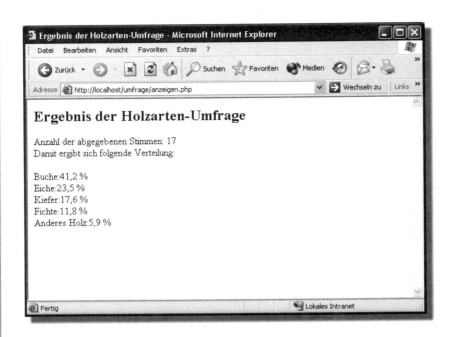

Abb. 3.2: Das beliebteste Holz soll an erster Stelle erscheinen

## Wie ist der Ablauf der Umfrage?

Der Ablauf der Umfrage gliedert sich in folgende Schritte:

▶ 1  Ein Benutzer hat seine Auswahl getroffen und auf die ABSTIMMEN-Schaltfläche geklickt.

▶ 2  Die getroffene Auswahl wird als neuer Eintrag in der Datenbank erfasst.

▶ 3  Der gesamte Datenbestand wird ausgewertet und sortiert und der prozentuale Anteil der einzelnen Auswahlmöglichkeiten wird angezeigt.

Darüber hinaus soll es möglich sein, das Ergebnis direkt anzeigen zu lassen.

Kapitel 3 – Praxisbeispiel: Online-Umfrage

## Umfrage auch ohne Datenbank?

Eine so einfache Umfrage wie die hier vorgestellte ließe sich auch ohne Datenbank umsetzen. Die Lösung mit Datenbank zeigt in ihrer Einfachheit aber sehr gut das Zusammenspiel von MySQL und PHP an der Schnittstelle zwischen Webseite und Datenbank.

 **Einfache Datenbanklösungen später ausbauen**

Auch wenn Sie während der Vorbereitung merken, dass für Ihr Projekt eigentlich gar keine Datenbank erforderlich wäre, sollten Sie möglicherweise trotzdem die Datenbanklösung wählen. In den meisten Fällen ist hier eine spätere Erweiterung der Funktionalität leichter möglich. Varianten ohne Datenbankanbindung kommen meist schnell an ihre Grenzen.

## 3.2 Technische Voraussetzungen

Auf meiner Website können Sie sich unter *www.comborn.de/mysql* anschauen, wie die fertige Umfrage aussieht. Wenn Sie das Beispiel direkt nachvollziehen wollen, müssen Sie natürlich in irgendeiner Form eine funktionierende MySQL-Umgebung installiert haben. Sie benötigen also entweder

- eine Testumgebung auf einem lokalen PC oder

- Zugriff auf eine bei Ihrem Internetanbieter installierte MySQL-Datenbank.

In Kapitel 13 zeige ich Ihnen, wie Sie ganz schnell eine Testumgebung auf Ihrem PC einrichten. Die Einrichtung eines Zugriffs auf eine Datenbank im Internet beschreibe ich in Kapitel 14.

## 3.3 Entwurf der Datenbank

Idealerweise sollten Sie Ihre ersten Schritte in Ihrer lokalen Testumgebung machen. Die Beschreibungen in diesem Abschnitt gelten aber auch für den Fall, dass Sie die Umfrage direkt in Ihrer im Internet liegenden MySQL-Datenbank entwickeln.

### Eine neue Datenbank erstellen

Wenn Sie MySQL bei Ihrem Internetanbieter nutzen, steht Ihnen dort zumeist nur eine einzige Datenbank zur Verfügung und Sie haben nicht die Berechtigung, weitere Datenbanken einzurichten. Dies ist allerdings keine allzu große Beschränkung – so lassen sich problemlos alle Beispiele dieses Buches (und noch viel mehr!) in einer Datenbank unterbringen.

Trotzdem würde ich Ihnen vorschlagen, wie in Kapitel 13 beschrieben, eine lokale Testumgebung einzurichten. Dort erstellen Sie dann eine neue Datenbank, in der Sie die Beispiele zusammenfassen, die Sie in diesem Buch ausprobieren werden. Dazu

▶ 1  stellen Sie sicher, dass der Apache-Webserver läuft, MySQL gestartet ist und

▶ 2  rufen dann phpMyAdmin mit *http://localhost/phpmy admin/* im Browser auf (siehe Abbildung 3.3 auf der nächsten Seite).

▶ 3  Nachdem Sie beispielsweise schreinerei als Namen für die Datenbank eingegeben haben, klicken Sie auf ANLEGEN. Damit haben Sie die neue Datenbank erzeugt, die bisher allerdings noch keine Tabellen enthält.

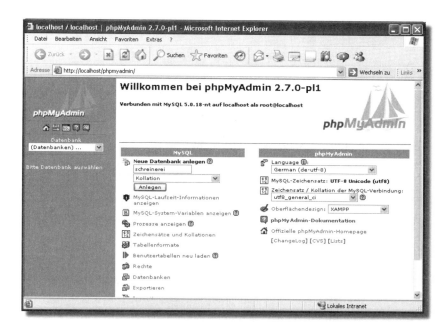

Abb. 3.3: In der Testumgebung eine Datenbank *schreinerei* anlegen

### ▶ Kleinschreibung

Gewöhnen Sie sich am besten daran, Bezeichnungen für Datenbanken, Tabellen und so weiter ohne Großbuchstaben zu schreiben. In Ihrer Testumgebung unter Windows macht dies zwar keinen Unterschied, aber wenn Sie dieselbe Datenbank später im Internet einsetzen, läuft MySQL dort meistens in einer UNIX-Umgebung, bei der zwischen Groß- und Kleinbuchstaben unterschieden wird.

## Eine bestehende Datenbank öffnen

Zum Öffnen einer bestehenden Datenbank wählen Sie diese im linken Navigationsbereich von phpMyAdmin aus (siehe Abbildung 3.4).

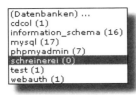

Abb. 3.4: Die neue Datenbank steht zur Auswahl

Die weiteren Datenbanken wurden direkt bei der MySQL-Installation mit XAMPP erstellt.

## Eine neue Tabelle anlegen

▶ 1 Um in Ihrer neuen Datenbank eine Tabelle anzulegen, klicken Sie links im Navigationsbereich auf den Namen der Datenbank und geben dann rechts den Namen und die Anzahl der Felder der Tabelle ein. Die anzulegende Tabelle soll *umfrage* heißen und zwei Felder enthalten.

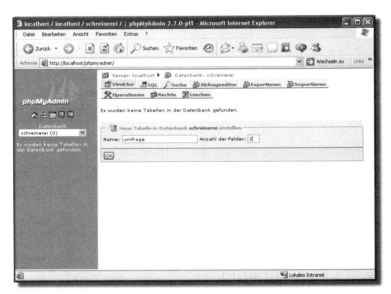

Abb. 3.5: Tabelle *umfrage* wird angelegt

▶ 2 Nach der Bestätigung mit OK können Sie im nächsten Schritt die Art der Felder definieren. In unserer Tabelle soll die Nummer der ausgewählten Holzart in einem Zahlenfeld mit der Bezeichnung auswahl erfasst werden. Da wir nur fünf Holzarten zur Auswahl stellen, reicht TINYINT als Typ aus. Mit dem gewählten Attribut unsigned (also ohne Vorzeichen) sind hier Zahlen von 0 bis 255 erlaubt. Mehr zu den MySQL-Datentypen erfahren Sie in Kapitel 6.

▶ 3 Daneben soll für jede erfasste Auswahl automatisch ein fortlaufender Wert vergeben werden. Dazu wird das FELD id mit der Option auto_increment unterEXTRA angelegt und als PRIMÄRSCHLÜSSEL definiert. Als TYP wählen wir INT mit dem ATTRIBUT unsigned. Damit können in der Tabelle 4.294.967.296 Einträge erfasst werden.

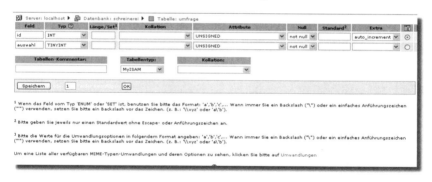

Abb. 3.6: Zwei Felder für die Tabelle definieren

▶ 4 Nach Klick auf SPEICHERN wird eine Tabelle mit den definierten Feldern in der Datenbank angelegt (siehe Abbildung 3.7 auf der nächsten Seite).

Mit dem Anlegen der Tabelle sind die Voraussetzungen zum Erfassen der Umfragedaten geschaffen. Jetzt brauchen wir als Nächstes die Webseite mit der Umfrage und ein Skript, das die Daten in die MySQL-Tabelle schreibt.

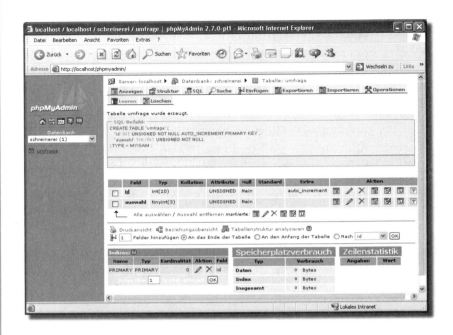

Abb. 3.7: Die Tabelle *umfrage* wurde erzeugt

## 3.4 Die Umfrage-Webseite

Das Erfassen der Umfragedaten soll über die bereits vorgestellte
Webseite geschehen. Nachfolgend finden Sie den HTML-Code der
Webseite, den Sie einfach in einen Editor eingeben können. Für den
Fall, dass Sie noch keine Erfahrung mit der direkten Erstellung von
HTML-Code haben, können Sie sich im nächsten Kapitel in der »Kurzeinführung HTML« mit den Grundlagen vertraut machen. Wenn Sie
auf *www.comborn.de/mysql* als Info-Nr 03my946k eingeben, steht Ihnen diese Datei wie auch alle anderen Beispieldateien dieses Kapitels
zum Herunterladen zur Verfügung.

Erschrecken Sie nicht vor den ersten beiden Zeilen – hier sehen Sie die
so genannte Dokumententyp-Definition, die in ordentlich gebauten
HTML-Seiten enthalten sein sollte, die Sie im Prinzip zunächst aber

auch weglassen können. Näheres hierzu erfahren Sie am Anfang von Kapitel 4.

```
<!DOCTYPE HTML PUBLIC "-//W3C//DTD HTML 4.01 Transitional//EN" "
http://www.w3.org/TR/html4/loose.dtd">
<html>
<head>
<title>Holzarten-Umfrage</title>
</head>
<body>
<h2>Holzarten-Umfrage</h2>
<p>Welche Holzart finden Sie am besten?
<form method="POST" action="erfassen.php">
    <input type="radio" name="holz" value="0">Buche<br>
    <input type="radio" name="holz" value="1">Fichte<br>
    <input type="radio" name="holz" value="2">Kiefer<br>
    <input type="radio" name="holz" value="3">Eiche<br>
    <input type="radio" name="holz" value="4">andere Holzart<p>
    <input type="submit" name ="abstimmen" value="Abstimmen">
</form>
</body>
</html>
```

In Ihrer lokalen Testumgebung erstellen Sie nun in dem Stammverzeichnis, das Sie bei der in Kapitel 13 beschriebenen Installation unter *C:\Programme\xampp\htdocs* angelegt haben, ein neues Verzeichnis umfrage. Hier speichern Sie die Datei als umfrage.html. Über *http://localhost/umfrage/umfrage.html* können Sie sich die Seite, wie in 3.1 auf Seite 31 zu sehen, anzeigen lassen.

## 3.5 In die MySQL-Tabelle schreiben

Wenn Sie in der Umfrage-Webseite *umfrage.html* auf ABSTIMMEN klicken, passiert bisher natürlich noch nichts (außer dass Sie einen Hinweis auf eine fehlende Seite erhalten). In der Zeile

```
<form method="POST" action="erfassen.php">
```

wird das PHP-Skript *erfassen.php* aufgerufen, das wir erst etwas weiter unten erstellen werden. Wenn PHP für Sie noch Neuland ist, sollten Sie sich zuerst in der PHP-Kurzeinführung in Kapitel 5 einen Überblick über diese Sprache verschaffen.

## Zugang zur Datenbank auslagern

Um überhaupt etwas in die Tabelle *umfrage* schreiben zu können, muss zunächst eine Verbindung zu MySQL aufgebaut werden. Da wir später zum Anzeigen der Daten auch wieder eine Datenbankverbindung benötigen, soll der Zugang in ein eigenes Skript ausgelagert werden. Außerdem lässt sich auf diese Weise ein besserer Schutz für die Zugangsdaten realisieren. Das Skript *zugriff.inc.php* hat folgenden Aufbau:

```php
<?php
//Zugangsdaten
$user="root"; //Benutzername für den MySQL-Zugang
$password=""; //Passwort
$host="localhost";  //Name (IP-Adr.) des Rechners mit MySQL
$dbname="schreinerei";//Name der Datenbank
//Verbindung aufbauen
$db = mysql_connect($host, $user, $password) or die("Verbindung
fehlgeschlagen");
//Datenbank als Standard definieren
mysql_select_db($dbname,$db);
?>
```

In dem Skript werden zuerst die Zugangsdaten übergeben. Wenn Sie noch keinen Benutzer eingerichtet und noch kein Passwort vergeben haben, können Sie die Einstellungen mit root als Benutzer und leerem Passwort übernehmen. Mit der Zeile

```php
$db = mysql_connect($host, $user, $password) or die("Verbindung
fehlgeschlagen");
```

wird dann versucht, eine Verbindung zur Datenbank aufzubauen. Falls diese nicht zustande kommt, wird die eingetragene Fehlermeldung angezeigt und das Skript an dieser Stelle beendet. Danach wird die Datenbank *schreinerei* als Standard festgelegt.

▶ 1 Bitte geben Sie das Skript mit den gegebenenfalls erforderlichen Anpassungen in einen Editor ein.

▶ 2 Legen Sie in Ihrem Stammverzeichnis unter *C:\Programme\xampp\htdocs* ein Verzeichnis *verbindung* an und speichern Sie das Skript in diesem Verzeichnis als *zugriff.inc.php*.

Zur Absicherung Ihrer Zugangsdaten können Sie das Verzeichnis später mit einem Zugriffsschutz versehen (siehe dazu »Ein Verzeichnis mit ».htaccess« schützen« auf Seite 55).

### Neue Schnittstelle »mysqli«

Im obigen Beispiel erfolgt der Zugriff auf MySQL über die bewährte mysql-Schnittstelle. Daneben gibt es für MySQL in Versionen neuer als 4.1 in PHP 5 eine Bibliothek mit erweiterten MySQL-Funktionen, die die Bezeichnung *mysqli* (»i« für »improved«) trägt. PHP bietet bislang jedoch lediglich »experimentelle« Unterstützung für diese Schnittstelle. Trotzdem ist absehbar, dass sich die neue Schnittstelle mittelfristig als Standard etablieren wird. Bei den Beispieldaten zu diesem Kapitel finden Sie eine Skript-Variante, die die mysqli-Schnittstelle nutzt. Die Beispiel-Skripte können Sie von *www.comborn.de/mysql* nach Eingabe der Info-Nr 03my946k herunterladen.

## Skript zum Erfassen erstellen

In das Skript *erfassen.php*, um das es ja eigentlich geht, wird das gerade erstellte Skript per include eingebunden.

```
include("../../verbindung/zugriff.inc.php");
```

Dabei wird über die relative Pfadangabe vom Verzeichnis *umfrage* in das Verzeichnis *verbindung* gewechselt. Nachdem in der Umfrage-Webseite auf ABSTIMMEN geklickt wurde, wird der gewählte Wert in der Variable $holz mit POST an das Skript *erfassen.php* übergeben. Dort steht der Wert dann in $_POST["holz"] zur Verfügung. Mit dem SQL-Ausdruck INSERT INTO wird die übergebene Holzauswahl in die Tabelle *umfrage* geschrieben (mit der Großschreibung soll lediglich eine bessere Lesbarkeit erreicht werden). Der PHP-Befehl mysql_query übermittelt den SQL-Befehl an die MySQL-Datenbank.

```
$holz=$_POST["holz"];
$sql="INSERT INTO umfrage (auswahl) VALUES ($holz)";
mysql_query($sql);
```

 **»auto_increment« sorgt für automatischen Eintrag**

Es reicht an dieser Stelle, die Nummer des ausgewählten Holzes in das Feld auswahl einzutragen. Um das Feld id müssen Sie sich nicht kümmern – die von Ihnen gesetzte Eigenschaft auto_increment sorgt dafür, dass hier die Einträge automatisch vergeben werden.

Wurde gar keine Auswahl getroffen, bleibt nach einem Klick auf ABSTIMMEN die Variable $abstimmen leer. In diesem Fall wird eine Fehlermeldung ausgegeben und das Skript beendet. Hier das komplette Listing, das Sie bitte unter *erfassen.php* im Verzeichnis *umfrage* speichern.

```
<?php
//Nur weiter, wenn im Formular auf Abstimmen geklickt wurde
if (!isset($_POST["abstimmen"])){
echo "Bitte kein Direktaufruf";
exit;
}
?>
<!DOCTYPE HTML PUBLIC "-//W3C//DTD HTML 4.01 Transitional//EN" "
http://www.w3.org/TR/html4/loose.dtd">
```

```
<html>
<head>
<title>Holzarten-Umfrage</title>
</head>
<body>
<h2>Holzarten-Umfrage</h2>
<?php
//Abbrechen, wenn kein Holz gewählt wurde oder
//bei Übergabe von $holz mit einem falschen Wert
if ((!isset($_POST["holz"])) or ($_POST["holz"]>4) or ($_POST["
holz"]<0)){
    echo "<p>Bitte w&auml;hlen Sie ein Holz aus der Liste!
    <p><a href =\"./umfrage.html\">Zur Auswahl</a>
    </body>
    </html>";
    exit;
}

//Sonst Verbindung zur Datenbank aufbauen
include("../verbindung/zugriff.inc.php");
//Umfrage-Auswahl in Datenbank schreiben
$holz=$_POST["holz"];$sql="INSERT INTO umfrage (auswahl) VALUES (
$holz)";
mysql_query($sql);
//Datenbankverbindung schließen
mysql_close();
?>
<p>Ihre Auswahl wurde aufgenommen!
<p><a href ="./anzeigen.php">Zum Umfrage-Ergebnis</a>
</body>
</html>
```

Nachdem Sie unter *http://localhost/umfrage/umfrage.html* für eine Holzart gestimmt haben, bekommen Sie folgende Bestätigungsseite angezeigt (siehe Abbildung 3.8 auf der nächsten Seite).

Zum UMFRAGE-ERGEBNIS gelangen Sie über den gleichnamigen Link erst, wenn Sie im nächsten Abschnitt das dabei aufgerufene Skript *anzeigen.php* erstellt haben.

43

Abb. 3.8: Die vom Skript *erfassen.php* generierte Bestätigungsseite

## Eintragungen in Tabellenform anzeigen

PhpMyAdmin erlaubt Ihnen aber jetzt schon, sich über die eingetragenen Daten einen Überblick zu verschaffen. Dazu

▶ 1 öffnen Sie phpMyAdmin unter *http://localhost/phpMy Admin/*,

▶ 2 lassen die Datenbank *schreinerei* anzeigen und

▶ 3 klicken im linken Navigationsbereich links neben dem Eintrag UMFRAGE auf das kleine Symbol (siehe Abbildung 3.9).

Alternativ können Sie den Inhalt der Tabelle *umfrage* auch anzeigen lassen, indem Sie zuerst im Navigationsbereich auf UMFRAGE und dann im rechten Bereich auf ANZEIGEN klicken.

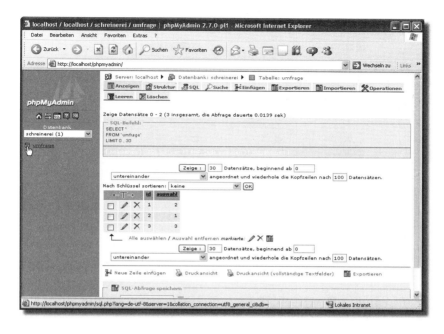

Abb. 3.9: Inhalt der Tabelle *umfrage* anzeigen

## 3.6 Ergebnis der Umfrage anzeigen

Die in der Tabelle *umfrage* enthaltenen Daten sollen vom Skript *anzeigen.php* in ausgewerteter Form auf einer Webseite angezeigt werden. Ich möchte Ihnen zunächst eine schlanke Version des Skripts vorstellen, die nur den wesentlichen Kern enthält und die Anzahl der abgegebenen Stimmen ausgibt. Auf dieser Grundlage können Sie dann im zweiten Schritt einige Verbesserungen ergänzen, damit das Skript am Ende die gewählten Hölzer nach der Anzahl der erhaltenen Stimmen auflistet und mit Prozentzahlen versieht.

### Vorstufe: Anzahl der Einträge zeigen

Wie beim Skript *erfassen.php* müssen Sie auch für *anzeigen.php* eine Verbindung zur Datenbank herstellen. Dazu binden Sie die in *zugriff.inc.php* gespeicherten Zugangsdaten wieder mit `include` ein.

```
include("../verbindung/zugriff.inc.php");
```

Die Übergabe des SQL-Befehls zum Anzeigen der Anzahl der in der Tabelle *umfrage* enthaltenen Daten erfolgt wieder mit `mysql_query`.

```
$sql1="SELECT COUNT (*) AS gesamt FROM umfrage";
$ergebnis1=mysql_query($sql1);
```

Mit `AS gesamt` wird in dem SQL-Befehl festgelegt, dass die mit `SELECT COUNT(*)` ermittelte Gesamtzahl unter dem Namen `gesamt` abgerufen werden kann. Und genau das geschieht in den folgenden beiden Zeilen.

```
$array1=mysql_fetch_array ($ergebnis1);
$gesamtanzahl=$array1["gesamt"];
```

Damit ist die Gesamtzahl in der Variablen `$gesamtzahl` gespeichert und kann mit `echo $gesamtzahl;` ausgegeben werden.

Hier das vollständige Skript, das Sie bitte im Verzeichnis *umfrage* als *anzeigen.php* speichern. Unter *www.comborn.de/mysql* finden Sie nach Eingabe der Info-Nr `03my946k` das Skript unter der Bezeichnung *anzeigen_vorstufe.php*.

```
<!DOCTYPE HTML PUBLIC "-//W3C//DTD HTML 4.01 Transitional//EN" "
http://www.w3.org/TR/html4/loose.dtd">
<html>
<head>
<title>Ergebnis der Holzarten-Umfrage (Vorentwurf)</title>
</head>
<body>
<h2>Ergebnis der Holzarten-Umfrage (Vorentwurf)</h2>
<?php
//Verbindung zur Datenbank aufbauen
include("../verbindung/zugriff.inc.php");
//Anzahl der abgegebenen Stimmen auslesen
$sql1="SELECT COUNT(*) AS gesamt FROM umfrage";
$ergebnis1=mysql_query($sql1);
$array1=mysql_fetch_array($ergebnis1);
$gesamtanzahl=$array1["gesamt"];
```

```
echo"<p>Anzahl der abgegebenen Stimmen: " . $gesamtanzahl;
//Datenbankverbindung schließen
mysql_close();
?>
</body>
</html>
```

Wenn Sie unter *http://localhost/umfrage/anzeigen.php* das Skript
*anzeigen.php* aufrufen oder wenn Sie nach der Abgabe Ihrer Stimme
auf der Bestätigungsseite (siehe Abbildung 3.8 auf Seite 44) dem
Link ZUM UMFRAGE–ERGEBNIS folgen, bekommen Sie die Anzahl der
bisherigen Einträge angezeigt.

Abb. 3.10: Immerhin wird schon die Gesamtzahl der Stimmen angezeigt

## Das Skript verbessern

Mit MySQL lässt sich eine weitergehende Auswertung der in der
Tabelle *umfrage* enthaltenen Daten ganz einfach umsetzen. Dazu
muss der SQL-Befehl zur Ermittlung der Gesamtzahl der Einträge
lediglich um zwei Erweiterungen ergänzt werden. Zum einen ist dies
die Gruppierung nach der ausgewählten Holzart und zum anderen
die absteigende Sortierung der Ergebnisse.

### Einträge in der Tabelle gruppieren

Um die Gruppen der einzelnen Holzarten zusammenzufassen, können Sie den SQL-Befehl um den Ausdruck GROUP BY auswahl ergänzen.

```
SELECT COUNT(*) AS gesamt FROM umfrage GROUP BY auswahl
```

In dieser Form wird die Gesamtzahl je Gruppe der ausgewählten Holzarten ermittelt. Sie können den SQL-Befehl direkt in phpMyAdmin testen, indem Sie ihn in das für SQL-Befehle vorgesehene Feld eingeben. Dieses Eingabefeld rufen Sie auf, indem Sie oben auf SQL klicken. Oder Sie klicken links unten im Navigationsbereich auf ABFRAGEFENSTER, um das Eingabefeld für den SQL-Befehl, wie in der folgenden Abbildung zu sehen, in einem eigenen Fenster zu öffnen.

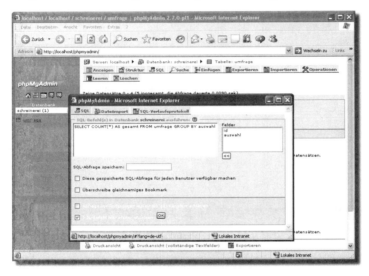

Abb. 3.11: SQL-Befehl in phpMyAdmin testen

Nachdem Sie den Befehl eingetragen und auf OK geklickt haben, bekommen Sie das Ergebnis in Tabellenform angezeigt. Falls Sie sich vertippt haben, erscheint stattdessen eine Warnmeldung.

Wie Sie im folgenden Bild sehen, ist der SQL-Befehl in der jetzigen Form noch nicht ganz vollständig. So hat zwar eine Gruppierung stattgefunden, aber es ist nicht zu erkennen, zu welchem Holz die einzelnen Zahlen gehören.

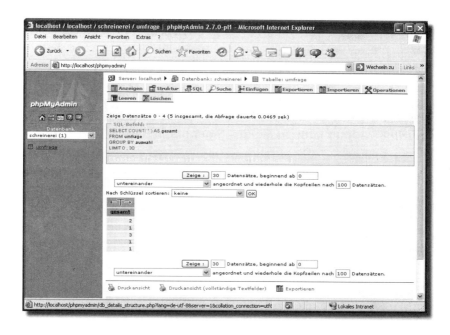

Abb. 3.12: Es fehlt die Zuordnung zu den Holzarten

Zum Ändern des SQL-Befehls klicken Sie in dem grauen Bereich auf
BEARBEITEN. Um die ermittelten Zahlen den gewählten Holzarten
zuordnen zu können, blenden wir mit der folgenden Erweiterung die
im Feld auswahl enthaltene Holznummer als Spalte ein.

```
SELECT auswahl, COUNT(*) AS gesamt FROM umfrage GROUP BY auswahl
```

In Abbildung 3.13 auf der nächsten Seite sehen Sie das Ergebnis,
ergänzt um die absteigende Sortierung der Einträge.

### Einträge spaltenweise sortieren

Möchten Sie nach einer Spalte sortieren, geben Sie dazu ORDER BY,
gefolgt vom Namen der Spalte und von der Sortierrichtung an. Mit
DESC (descending) legen Sie eine absteigende, mit ASC (ascending)
eine aufsteigende Sortierung fest. Die aufsteigende Sortierung ist
der Normalfall und muss deshalb nicht extra angegeben werden. Da

wir absteigend nach der in Spalte gesamt aufgelisteten Anzahl der Stimmen je auswahl sortieren wollen, sieht der komplette SQL-Befehl jetzt folgendermaßen aus:

```
SELECT auswahl, COUNT(*) AS gesamt FROM umfrage GROUP BY auswahl
ORDER BY gesamt DESC
```

Mit phpMyAdmin können Sie das Ergebnis wieder in Tabellenform anzeigen lassen.

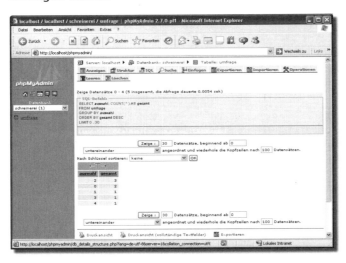

Abb. 3.13: Ergebnis des SQL-Befehls in Tabellenform

Die Erweiterung LIMIT 0,30 wurde von phpMyAdmin automatisch angehängt und hat auf das Ergebnis keine Auswirkung. Näheres zum LIMIT-Befehl erfahren Sie in Kapitel 7.

### Einarbeitung der Verbesserungen

Jetzt muss der gefundene SQL-Befehl nur noch in das Skript *anzeigen.php* eingearbeitet werden. Die Übergabe erfolgt wieder wie gehabt mit mysql_query.

```
$sql2="SELECT auswahl, COUNT(*) AS gesamt FROM umfrage GROUP BY
auswahl ORDER BY gesamt DESC";
$ergebnis2=mysql_query($sql2);
```

Mit der folgenden while-Konstruktion wird die Tabelle zeilenweise ausgewertet, wobei die jeweiligen Einträge in den Spalten auswahl und gesamt mit $array2["auswahl"] beziehungsweise $array2["gesamt"] ausgegeben werden.

```
while($array2=mysql_fetch_array($ergebnis2)){
    $anzahl=$array2["gesamt"];
    $auswahl=$array2["auswahl"];
    echo "<br>Holznummer: " . $auswahl;
    echo " Stimmanzahl: " .$anzahl;
}
```

Im Prinzip würde das Ganze so schon funktionieren, aber die Lesbarkeit des Ergebnisses soll noch verbessert werden. Da die Holznummer nicht besonders aussagekräftig ist, soll sie durch die jeweilige Holzbezeichnung ersetzt werden. Dazu wird zunächst ein Array definiert.

```
$holzname=array("Buche", "Fichte", "Kiefer", "Eiche", "Anderes
Holz");
```

Die Zuordnung der Holzbezeichnungen zu den auswahl-Werten erfolgt dann mit $holzname[$auswahl].

Bei der Anzeige der Ergebnisse als Prozentzahlen wird das Ergebnis mit number_format($anteil,1,',','.') als Dezimalzahl mit einer Stelle hinter dem Komma formatiert. Näheres hierzu erfahren Sie in Kapitel 5 im Abschnitt »Variablen speichern Werte«.

Wie Sie im folgenden Listing des verbesserten Skripts *anzeigen.php* sehen, wird am Anfang geprüft, ob überhaupt schon ein Eintrag in der Tabelle vorliegt. Ist dies nicht der Fall, wird das Skript abgebrochen.

```
<!DOCTYPE HTML PUBLIC "-//W3C//DTD HTML 4.01 Transitional//EN" "
http://www.w3.org/TR/html4/loose.dtd">
<html>
<head>
<title>Ergebnis der Holzarten-Umfrage</title>
</head>
```

Kapitel 3 – Praxisbeispiel: Online-Umfrage

```
<body>
<h2>Ergebnis der Holzarten-Umfrage</h2>
<?php
//Verbindung zur Datenbank aufbauen
include("../verbindung/zugriff.inc.php");
//Anzahl der abgegebenen Stimmen auslesen
$sql1="SELECT COUNT(*) AS gesamt FROM umfrage";
$ergebnis1=mysql_query($sql1);
$array1=mysql_fetch_array($ergebnis1);
$gesamtanzahl=$array1["gesamt"];
//Nur weiter, wenn bereits abgestimmt wurde
if (empty ($gesamtanzahl)){
    echo "<p>Es hat noch niemand abgestimmt!<br>
    </body>
    </html>";
    exit;
    ;
}
echo"<p>Anzahl der abgegebenen Stimmen: " . $gesamtanzahl;
echo"<br>Damit ergibt sich folgende Verteilung:<br>";
$holzname=array("Buche", "Fichte", "Kiefer", "Eiche", "Anderes
Holz");
$sql2="SELECT auswahl, COUNT(*) AS gesamt FROM umfrage GROUP BY
auswahl ORDER BY gesamt DESC";
$ergebnis2=mysql_query($sql2);
while($array2=mysql_fetch_array($ergebnis2)){
    $anzahl=$array2["gesamt"];
    $anteil=$anzahl/$gesamtanzahl*100;
    $prozent=number_format($anteil,1,',','.');
    $auswahl=$array2["auswahl"];
    echo "<br>". $holzname[$auswahl] . ":" . $prozent ." %";
}
//Datenbankverbindung schließen
mysql_close();
?>
</body>
</html>
```

Speichern Sie Ihr überarbeitetes Skript im Verzeichnis *umfrage* als anzeigen.php und rufen Sie dann mit *http://localhost/umfrage/ umfrage.html* die Startseite Ihrer Umfrage auf. Jetzt können Sie alles von vorne bis hinten durchprobieren. Die Ergebnisseite der Umfrage wird in etwa so aussehen, wie in Bild 3.2 auf Seite 32 am Anfang des Kapitels zu sehen.

## Die Umfrage Ihren Wünschen anpassen

Es sollte Ihnen nicht schwer fallen, aus der Holzarten-Umfrage eine Umfrage zu einem Thema Ihrer Wahl zu machen. Dazu müssen Sie lediglich in *umfrage.html*, *erfassen.php* und *anzeigen.php* Titel und Überschrift ändern und in *umfrage.html* und *anzeigen.php* die Holzarten durch Ihre zur Auswahl stehenden Einträge ersetzen.

Falls Sie weniger oder mehr als fünf Einträge zur Auswahl stellen, müssen Sie auch die Bedingung ($holz>4) in *erfassen.php* entsprechend korrigieren. Den Namen holz für die Optionsfelder in *umfrage.html* müssen Sie nicht unbedingt ändern, da er ja nicht offen übergeben wird. Wollen Sie es trotzdem tun, denken Sie daran, auch die Variable $holz in *erfassen.php* anzupassen. Auch die Bezeichnung für das $holzart-Array in *anzeigen.php* wird nur intern verwendet und muss von daher nicht unbedingt geändert werden.

## 3.7 Von der Testumgebung ins Internet

Ihre in Ihrer lokalen Testumgebung entwickelte Umfrage können Sie auf Ihre Internetpräsenz übertragen (sofern Sie diese bereits entsprechend eingerichtet haben – siehe Kapitel 14, »Installation beim Provider«).

## Datenbank-Tabelle erstellen

In der Annahme, dass Sie bei Ihrem Internetanbieter nur auf eine bereits existierende Datenbank zugreifen dürfen, erstellen Sie in dieser Datenbank eine neue Tabelle *umfrage*. Am einfachsten nutzen

Sie dafür den bei Ihrem Internetanbieter installierten phpMyAdmin (siehe Kapitel 14).

Bei umfangreicheren Projekten brauchen Sie nicht jede Tabelle einzeln neu zu erstellen. Hier ist es meist schneller, die Struktur der Tabelle und gegebenenfalls auch bereits enthaltene Daten zu speichern und dann direkt zu importieren. Den hierfür erforderlichen Ablauf beschreibe ich in Kapitel 7.

## Verzeichnisstruktur anpassen

Im nächsten Schritt sollten Sie die Verzeichnisstrukturen anpassen. Das heißt, Sie benötigen auch bei Ihrer Internetpräsenz auf gleicher Ebene ein Verzeichnis *umfrage* und eines mit dem Namen *verbindung*. In das Verzeichnis *umfrage* kopieren Sie dann die Dateien *umfrage.html*, *erfassen.php* und *anzeigen.php*.

## Zugangsskript anpassen

Bevor Sie das Skript *zugriff.inc.php* in das Verzeichnis *verbindung* kopieren, müssen Sie die Angaben für host, user und password von Ihrem Internetanbieter eintragen. Bei den meisten Internetanbietern haben Sie nur eine Datenbank zur Verfügung, die meist eine vorgegebene Bezeichnung hat. Ersetzen Sie also den Namen Ihrer Datenbank (im vorgestellten Beispiel hieß sie schreinerei) durch diese Bezeichnung. Das Skript könnte dann beispielsweise so oder ähnlich aussehen:

```php
<?php
//Zugangsdaten
$user=" p123456";//Ihr Benutzername für den MySQL-Zugang
$password="1111111";//Ihr Passwort
$host=" db99.Internetanbieter.de";//Name des Rechners mit MySQL
$dbname=" db9876543"; //Name der Datenbank
//Verbindung aufbauen
$db = mysql_connect($host, $user, $password) or die("Verbindung
fehlgeschlagen");
//Datenbank als Standard definieren
```

```
mysql_select_db($dbname,$db);
?>
```

 **Verzeichnisschutz für Ihre Zugangsdaten**

Da die Datei *zugriff.inc.php* Ihre Zugangsdaten enthält, sollten Sie das Verzeichnis *verbindung* auf jeden Fall mit einem Verzeichnisschutz (siehe nächster Abschnitt) versehen!

## Ein Verzeichnis mit ».htaccess« schützen

Um ein Verzeichnis zu schützen, übertragen Sie eine Textdatei, die im Normalfall die Bezeichnung *.htaccess* haben muss, mit Ihrem FTP-Programm in das zu schützende Verzeichnis. Der minimale Inhalt dieser Textdatei lautet: deny from all (siehe Abbildung 3.14).

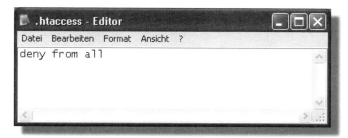

Abb. 3.14: Die *.htaccess*-Datei schützt Verzeichnisse im Internet

Falls Sie Probleme bei der Benennung mit dem Punkt am Anfang haben, vergeben Sie den Namen in Ihrem FTP-Programm oder nutzen Sie die *.htaccess*-Datei, die Sie von *www.comborn.de/mysql* nach Eingabe der Info-Nr 03my946k zusammen mit den anderen Beispieldaten herunterladen können.

Damit haben Sie alle Vorbereitungen abgeschlossen und können jetzt aus Ihrer Umfrage tatsächlich eine Online-Umfrage machen.

Kapitel 3 – Praxisbeispiel: Online-Umfrage

# 4 Kurzeinführung HTML

*Das lernen Sie in diesem Kapitel:*

- *In diesem Kapitel können Sie sich einen groben Überblick über das Thema HTML verschaffen. Sie erhalten hier in knapper Form alle Informationen, die für das Verständnis der im Buch vorgestellten Beispiele erforderlich sind.*

- *Dabei möchte ich Ihnen zeigen, wie einfach Sie HTML-Dokumente auch ohne speziellen Editor in Handarbeit erstellen können.*

*Aktuelle Infos und Downloads zu diesem Kapitel:*

- *Geben Sie unter* www.comborn.de/mysql *folgende Info-Nr ein:* 04my400e.

Der Entwurf von datenbankgestützten Webseiten wird Ihnen wesentlich leichter fallen, wenn Sie zumindest grundlegende HTML-Kenntnisse haben. Falls HTML für Sie nichts Neues ist, blättern Sie einfach weiter zum nächsten Kapitel! Falls Sie hingegen keine oder nur wenig Erfahrung mit HTML haben, sind Sie hier richtig.

> **Was heißt hier HTML?**
>
> Hilfreich für den Einstieg sind auch die Begriffserläuterungen, die ich in Kapitel 15 zum Thema Internet zusammengestellt habe.

## 4.1 HTML in Handarbeit

Ein HTML-Dokument lässt sich mit einem beliebigen Editor im reinen Textformat erstellen. Zum Ausprobieren können Sie also beispielsweise den Editor aus dem Windows-Zubehör verwenden.

Der Text, den Sie im Editor eingeben, wird als Quelltext oder HTML-Code bezeichnet. Der Quelltext ist später im Browser nicht zu sehen, sondern dient dem Browser als Grundlage für eine strukturierte Anzeige der enthaltenen Informationen. Wenn Sie zu einer gerade in Ihrem Browser angezeigten Webseite den Quelltext anzeigen möchten, geht das

- im Internet-Explorer mit ANSICHT/QUELLTEXT oder
- im Netscape-Navigator bzw. bei Mozilla/Firefox mit ANSICHT/SEITENQUELLTEXT.

Nun sollten Sie das Erstellen von HTML-Quelltext einmal ausprobieren! Erfassen Sie bitte folgende Zeile im Editor:

```
<h1>HTML-Grundlagen</h1>
```

Die in spitzen Klammern eingeschlossenen Ausdrücke werden als Tags bezeichnet und später im Browser nicht als Text angezeigt, sondern als Formatierungsbefehl interpretiert. Das im obigen Beispiel verwendete Tag-Paar formatiert den zwischen dem Start-Tag <h1> und dem Ende-Tag </h1> eingeschlossenen Bereich als Überschrift. Auch wenn diese Zeile noch nicht dem kompletten HTML-Gerüst entspricht, können Sie sie trotzdem schon im Browser anzeigen lassen.

Speichern Sie das Dokument unter dem Namen *grundlagen.html*. Wenn Sie auf die gerade gespeicherte Datei doppelklicken, sollte sie in Ihrem Browser angezeigt werden. Alternativ können Sie Ihr HTML-Dokument im Browser über DATEI / ÖFFNEN heraussuchen und anzeigen lassen.

Wenn Sie nun Editor und Browser nebeneinander positionieren, können Sie sehr gut verfolgen, wie sich Änderungen, die Sie im Editor am HTML-Code vornehmen, auf die Anzeige im Browser auswirken. Dazu speichern Sie einfach den jeweiligen Stand des HTML-Dokuments im Editor und aktualisieren danach die Anzeige im Browser.

Abb. 4.1: HTML-Dokumente im Editor entwickeln und im Browser anzeigen

Wie Sie sehen, ist für die Entwicklung von HTML-Seiten im Grunde kein spezieller HTML-Editor erforderlich.

## 4.2 Das HTML-Grundgerüst

Im Folgenden möchte ich Ihnen das Grundgerüst vorstellen, an dem Sie sich beim Aufbau Ihrer HTML-Dokumente orientieren sollten. Aus dem letzten Abschnitt wissen Sie, dass HTML-Dokumente auch im Browser angezeigt werden können, wenn sie nicht diesem Gerüst entsprechen. Trotzdem würde ich Ihnen raten, sich daran zu halten, da Sie damit weitestgehend sicherstellen, dass Ihre Webseiten so angezeigt werden, wie von Ihnen geplant.

```
<!DOCTYPE HTML PUBLIC "-//W3C//DTD HTML 4.01 Transitional//EN" "
http://www.w3.org/TR/html4/loose.dtd">
<html>
  <head>
    <title>HTML-Grundlagen</title>
  </head>
  <body>
    <h1>HTML-Grundlagen</h1>
  </body>
</html>
```

▶ **Keine Lust zum Tippen?**

Falls Ihnen das Abtippen zu viel Handarbeit ist, finden Sie die HTML-Dokumente mit allen in diesem Kapitel vorgestellten Beispielen auf *www.comborn.de*. Dort geben Sie unter »MySQL aktuell« folgende Info-Nr ein: 04my400e. Dann können Sie die Dateien herunterladen.

Mit der ziemlich kompliziert aussehenden Dokumententyp-Deklaration vor dem ersten HTML-Tag wird dem Browser die im Dokument verwendete HTML-Version mitgeteilt. Der eigentliche HTML-Teil beginnt mit dem HTML-Start-Tag. Es folgen der Kopf- (head) und der Hauptteil (body). Diese Teile sind jeweils durch öffnende und schließende Tags eingefasst. Am Schluss steht das HTML-Ende-Tag.

Wenn Sie das obige HTML-Grundgerüst im Browser anschauen, nachdem Sie es im Editor erfasst haben, werden Sie bis auf den neuen Eintrag in der Browser-Titelleiste keine Änderung feststellen.

# 4.3 Die Dokumententyp-Deklaration

Mit der am Anfang des Grundgerüstes stehenden Dokumententyp-Deklaration wird dem Browser mitgeteilt, dass die HTML-Version 4.01 verwendet werden soll. Mit der Angabe `Transitional` wird erreicht, dass auch in älteren HTML-Versionen übliche Schreibweisen als gültig anerkannt werden. Unter der danach angegebenen Webadresse kann der Browser dann die genaue Dokumententyp-Definition nachschlagen.

Auch wenn Sie bei dem HTML-Dokument, das Sie für die Umfrage im letzten Kapitel erstellt hatten, keine Dokumententyp-Deklaration aufgenommen haben, wurde es trotzdem richtig angezeigt. Zurzeit tolerieren die üblichen Browser es, wenn Sie die Deklaration weglassen, was sich aber in Zukunft auch ändern kann. Wenn Sie die Dokumententyp-Deklaration wie vorgeschlagen in Ihren HTML-Dokumenten verwenden, entsprechen Sie damit dem HTML-4.01-Standard, ohne dafür Nachteile in Kauf zu nehmen.

Kapitel 4 – Kurzeinführung HTML

 **Ein Wort zu CSS**

Viele Formatierungsanweisungen lassen sich heute auch mit den ebenfalls vom W3-Konsortium herausgegebenen CSS (Cascading Style Sheets) definieren. Version 2.0 gilt hier seit 1999 als Empfehlung. Auch wenn ältere Browser diese Technik nicht unterstützen und die neueren Browser CSS unterschiedlich interpretieren, kommen CSS mittlerweile häufiger zum Einsatz. In Kapitel 11 werden CSS bei der Formatierung der Beispielseite für den Online-Shop verwendet. Im Folgenden stelle ich Ihnen die Schreibweisen vor, die ohne CSS funktionieren und die von allen heute üblichen Browsern angezeigt werden können.

# 4.4 Zwischen <head> und </head>

Die Angaben im Kopfteil dienen zur Identifizierung des Dokuments.

## Titel

Eingefasst vom Tag-Paar title wird der Titel angegeben.

```
<title>HTML-Grundlagen</title>
```

Es darf nur ein Titel je Dokument angegeben werden.

## Meta-Tags – damit Sie gefunden werden

Neben dem Titel können noch eine Reihe von Informationen angegeben werden, die nicht direkt im Browser angezeigt werden. Hier ein paar Beispiele.

### Angaben für Suchmaschinen

Die Angaben mit einer Inhaltsbeschreibung (description) der Webseite und die Schlüsselwörter (keywords) werden von vielen Suchmaschi-
nen ausgewertet.

```
<meta name="description" content="Umfangreiche Beschreibung">
<meta name="keywords" content="Begriff, Begriff, Begriff">
```

Wenn Sie nicht möchten, dass eine Webseite in den Index der Such-
maschinen aufgenommen wird, schreiben Sie Folgendes:

```
<meta name="robots" content="noindex">
```

Mit der Angabe von index statt noindex erlauben Sie hingegen aus-
drücklich die Aufnahme.

### Zeichensatz angeben

Umlaute und Sonderzeichen müssen in HTML normalerweise mas-
kiert, das heißt durch spezielle Zeichenfolgen ersetzt werden (siehe
Seite 64). Mit der folgenden Meta-Angabe teilen Sie dem Browser und
Webserver mit, dass für das vorliegende Dokument ein Zeichensatz
(charset) verwendet werden soll, der die deutschen Umlaute und
Sonderzeichen enthält.

```
<meta http-equiv="content-type" content="text/html; charset=ISO
-8859-1">
```

Damit können auch im HTML-Dokument enthaltene deutsche Umlaute und Sonderzeichen korrekt angezeigt werden.

# 4.5 Zwischen <body> und </body>

Der von den body-Tags eingeschlossene Hauptteil enthält alle Elemente, die später im Browser angezeigt werden. Darüber hinaus können
auch zusätzliche Informationen enthalten sein, wie beispielsweise
Kommentare, die nicht im Browser zu sehen sind.

## Kommentare einfügen

Sie haben die Möglichkeit, in Ihr HTML-Dokument Kommentarzeilen einzufügen.

```
<!-- Dies ist ein einzeiliger Kommentar -->
```

Ein Kommentar wird durch die Marken `<!--` und `-->` eingeschlossen.

## Farbe von Hintergrund, Text und Links

Durch die Erweiterung des einführenden `body`-Tags können Farbangaben für das gesamte HTML-Dokument festgelegt werden. Mit `<body bgcolor="FFFFFF">` wird beispielsweise ein weißer Hintergrund eingestellt.

Die Angabe der Farbwerte erfolgt in hexadezimaler Form oder mit einem gültigen Farbnamen. Rot kann angegeben werden mit dem Wert `#FF0000` oder dem Namen `red`, Grün mit `#00FF00` (`green`), Blau mit `#0000FF` (`blue`), Gelb mit `#FFFF00` (`yellow`) und Schwarz mit `#000000` oder `black`.

```
<body bgcolor="#FFFFFF" text="#0099FF" link="#FF9966"
vlink="#FF9900" alink="#663333">
```

Mit `text` wird die Textfarbe definiert. Die Farbe von Verweisen lässt sich mit `link` für normale Verweise, `vlink` für Verweise zu besuchten Zielen und `alink` für Verweise beim Anklicken festlegen.

## Umlaute und Sonderzeichen

Sofern Sie in Ihrem HTML-Dokument keine Angaben zum verwendeten Zeichensatz gemacht haben (siehe Seite 63), sollten Sie Umlaute und Sonderzeichen maskieren, das heißt durch spezielle Zeichenfolgen ersetzen (siehe Tabelle auf der nächsten Seite).

Setzen Sie doch einmal folgende Zeile in den Hauptteil des Grundgerüstes und probieren Sie aus, was im Browser angezeigt wird.

Tabelle 4.1:
HTML-Ersetzungen für
Umlaute und Sonderzeichen

| Zeichen | Ersetzung |
| --- | --- |
| Ä ä | &Auml; &auml; |
| Ö ö | &Ouml; &ouml; |
| Ü ü | &Uuml; &uuml; |
| ß | &szlig; |
| > < | &gt; &lt; |
| Leerzeichen |   |
| " | &quot; |
| & | &amp; |

```
<p>Sch&ouml;n, dass es dieses Grundger&uuml;st gibt!</p>
```

Zu den p-Tags am Anfang und am Ende kommen wir jetzt.

## Absätze ausrichten und Zeilenumbrüche

Absätze werden in p-Tags gefasst. Dabei kann über align die Ausrichtung angegeben werden. Mit <br> lässt sich ein Zeilenumbruch erzwingen.

```
<p>Dies ist ein Absatz.</p>
<p>Dies ist auch ein Absatz,<br>
   der eben durch einen Zeilenumbruch unterbrochen<br>
   wurde</p>
<p align=center>Zentrierter Absatz</p>
<p align=right>Rechtsb&uuml;ndiger Absatz</p>
<p align=justify>Absatz als Blocksatz mit noch mehr Text.</p>
```

## Überschriften gliedern die Seite

Überschriften können von der ersten bis zur sechsten Ordnung in unterschiedlichen Größen angegeben werden. Auch Überschriften können ausgerichtet werden (siehe Abbildung 4.2 auf der nächsten Seite).

```
<h1 align="center">zentrierte &Uuml;berschrift 1</h1>
<h2 align="right">rechtsb&uuml;ndige &Uuml;berschrift 2</h2>
<h3>&Uuml;berschrift 3</h3>
<h4>&Uuml;berschrift 4</h4>
<h5>&Uuml;berschrift 5</h5>
<h6>&Uuml;berschrift 6</h6>
<p>Ganz normaler Text.</p>
```

Abb. 4.2: Erweitertes HTML-Dokument

## Textformatierung per HTML

Schriftgröße, Schriftart und Schriftfarbe lassen sich ohne CSS im font-Tag definieren. Um einen Text fett zu setzen, wird er in b-Tags eingeschlossen.

```
<p>
<b>Fett geschriebener Text.</b><br>
<font color="red">Roter Text.</font><br>
```

```
<font size="7">Text in Gr&ouml;&szlig;e 7</font><br>
<font size="1">Text in Gr&ouml;&szlig;e 1</font><br>
<font face="Arial,Times">Das ist Text in Schriftart Arial
oder, falls Arial nicht darstellbar, in Times.</font><br>
<font size="+2" face="Verdana" color="green">Gr&ouml;&szlig;er als
normal, gr&uuml;n und Verdana.</font><br>
</p>
```

Mit color lässt sich die Farbe angeben. Die Schriftgröße wird mit size zwischen Stufe 1 und 7 eingestellt, wobei in der Form +1 oder -2 auch relative Angaben möglich sind. Den Namen der Schrift tragen Sie unter face ein. Wenn Sie mehrere Schriftnamen mit Komma getrennt aufführen, wird vom Browser zuerst versucht, die links stehende Schrift darzustellen. Sollte dies nicht möglich sein, wird die nächste Schrift verwendet.

## Links (Verweise) zu weiteren Infos

Ein Verweis auf eine andere Webseite kann entweder unter Angabe der kompletten Adresse erfolgen oder relativ angegeben werden. Es ist auch möglich, auf einen markierten Bereich auf derselben Seite zu verweisen.

### Verweis innerhalb eines HTML-Dokuments

Zunächst muss eine Stelle im HTML-Dokument markiert werden.

```
<a name="Zielpunkt">Dies ist der Zielpunkt</a>
```

An anderer Stelle wird dann der entsprechende Verweis eingefügt.

```
<a href="#Zielpunkt">Zum Zielpunkt springen</a>
```

### Absolute Angabe der Adresse

Um auf eine Webseite zu verweisen, können Sie die komplette Adresse angeben.

```
<a href="http://www.comborn.de/">Webseite zum Buch</a>
```

### Relative Pfade angeben

Bei dieser Variante wird die jeweils aktuelle Adresse als Bezugs-
punkt gewählt. Nehmen wir drei unterschiedliche Basisadressen als
Ausgangspunkt:

```
http://www.comborn.de/mysql/beispiele/tipps.html
http://localhost/buch/mysql/schreinerei/tipps.html
http://www.ihreSeite.de/datenbank/beispiele/tipps.html
```

Über localhost rufen Sie in Ihrer lokalen Testumgebung Ihren eigenen
Rechner auf. Wie Sie Ihre Testumgebung einrichten, ist in Kapitel 13
beschrieben.

Um auf eine im selben Verzeichnis liegende Datei zu verweisen,
reicht die Angabe des Namens der Datei:

```
<a href="schreiner.html/">Infos zur Schreinerei</a>
```

Wenn Sie innerhalb des HTML-Dokuments *tipps.html* folgende Pfadangabe verwenden, wechseln Sie von *tipps.html* ein Verzeichnis
höher und rufen dort die Datei *anleitung.html* auf:

```
<a href="../anleitung.html/">MySQL-Anleitung</a>
```

Mit ../ verweisen Sie auf das direkt übergeordnete Verzeichnis, egal
wie es heißt. Mit ../../ rufen Sie das nächsthöhere Verzeichnis auf.
Je nachdem, unter welcher Basisadresse *tipps.html* liegt, entspricht
das unterschiedlichen absoluten Adressen:

```
http://www.comborn.de/anleitung.html
http://localhost/buch/anleitung.html
http://www.ihreSeite.de/anleitung.html
```

Bei einer relativen Pfadangabe können Sie auf Unterverzeichnisse der
adressierten Verzeichnisse zugreifen.

```
<a href="../../privat/lehre.html">MySQL-Anleitung</a>
```

Mit der obigen Pfadangabe in *tipps.html* würden Sie zu folgenden
Adressen wechseln:

```
http://www.comborn.de/privat/lehre.html
http://localhost/buch/privat/lehre.html
http://www.ihreSeite.de/privat/lehre.html
```

 **Verwenden Sie relative Pfadangaben**

Wenn Sie die relative Adressierung wählen, können Sie Ihre Webseiten ganz einfach von Ihrer lokalen Testumgebung auf Ihre Internetpräsenz übertragen. Auch ein Wechsel der Internetadresse lässt sich damit leicht bewerkstelligen.

## Tabellen helfen beim Platzieren

Eine Tabelle wird zwischen table-Tags eingeschlossen. Im einführenden table-Tag kann mit border die Dicke der Tabellen-Gitternetzlinien und mit width und height die Tabellenbreite und -höhe angegeben werden. Diese Angaben sind auch in Prozent möglich. Wenn Sie hier width=100% eintragen, geht die Tabelle über die gesamte Breite des Browserfensters. Mit border=0 wird die Tabelle ohne Gitternetzlinien angezeigt.

### Zeilen

Tabellenzeilen werden mit tr-Tags definiert. Die Ausrichtung innerhalb der Zeile kann mit align angegeben werden.

### Spalten

In HTML sind keine direkten Spaltendefinitionen möglich. Vielmehr ergeben sich die Spalten aus den einzelnen Zellen pro Tabellenzeile. Zur Spaltendefinition werden innerhalb einer Zeile Zellen mit td-Tags eingefügt. Mit width und height können Zellenbreite und -höhe (auch in Prozent) angegeben werden. Mit align können Sie die Ausrichtung innerhalb der Zelle festlegen. Um in einer Zeile Spaltenüberschriften einzufügen, nutzen Sie zur Zellendefinition die th-Tags.

## Tabellenstruktur in HTML

Hier die grobe Struktur, in der eine Tabelle dargestellt wird.

```
<table border="1" width="100%">
  <tr>
    <th width="40%">&Uuml;berschrift (Zeile 1, Spalte 1)</th>
    <th width="60%">&Uuml;berschrift (Zeile 1, Spalte 2)</th>
  </tr>
  <tr>
    <td width="40%">Inhalt der Zelle (Zeile 2, Spalte 1)</td>
    <td width="60%">Inhalt der Zelle (Zeile 2, Spalte 2)</td>
  </tr>
  <tr>
    <td width="40%">Inhalt der Zelle (Zeile 3, Spalte 1)</td>
    <td width="60%">Inhalt der Zelle (Zeile 3, Spalte 2)</td>
  </tr>
</table>
```

▶ **HTML-Editor nutzen**

Wie gesagt benötigen Sie zum Erfassen von HTML-Quelltext keinen speziellen Editor. Sobald Sie aber mit größeren Dokumenten arbeiten, wird der Quelltext durch farbliche Hervorhebungen besser lesbar. Es gibt eine ganze Reihe von Editoren, die diese Möglichkeit und noch weitere Erleichterungen bieten. Wenn Sie auf *www.comborn. de* unter »MySQL aktuell« 04my400e als Info-Nr eingeben, bekommen Sie dort auch eine Liste mit Links zu Editoren angezeigt.

## Farben für mehr Übersicht

Sowohl für die Tabelle selbst als auch für einzelne Zeilen und Zellen können Sie mit bgcolor Hintergrundfarben definieren. Dazu geben Sie den Wert für bgcolor im jeweils einführenden Tag an.

```
<table border="1" bgcolor="#FF8080" width="100%" height="100%">
  <tr align="center">
```

```
  <td bgcolor="#FFFF80"><h1>Hier</h1></td>
  <td bgcolor="#80FF80"><h1>ist</h1></td>
  <td><h1>alles</h1></td>
 </tr>
<tr bgcolor="#80FFFF" align="center">
  <td bgcolor="#0080FF"><h1>so</h1></td>
  <td><h1>sch&ouml;n</h1></td>
  <td bgcolor="#FF00FF"><h1>bunt!</h1></td>
 </tr>
</table>
```

Die Farbangabe in den einzelnen Zellen hat Vorrang vor der Angabe
für ganze Zeilen oder Tabellen und die Angabe für eine Zeile hat
Vorrang vor der Angabe für die ganze Tabelle.

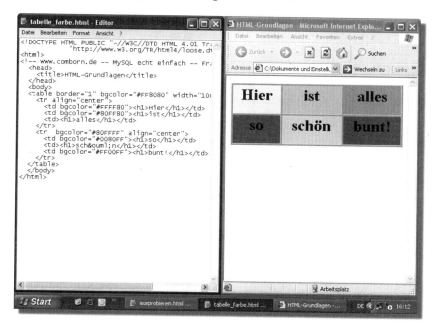

Abb. 4.3: Die bunte Tabelle

## Formulare zur Datenerfassung

Wie Sie schon aus den vorangegangenen Kapiteln wissen, werden Formulare zum Erfassen von Benutzerangaben eingesetzt. Im Praxisbeispiel aus dem vorigen Kapitel konnte im Formular zwischen verschiedenen Optionen gewählt werden.

```
<form method="post" action="erfassen.php">
    <p>
    <input type="radio" name="holz" value="0">Buche<br>
    <input type="radio" name="holz" value="1">Fichte<br>
    <input type="radio" name="holz" value="2">Kiefer<br>
    <input type="radio" name="holz" value="3">Eiche<br>
    <input type="radio" name="holz" value="4">andere Holzart
    </p>
    <p>
    <input type="submit" name ="abstimmen" value="Abstimmen">
    </p>
</form>
```

Bei einem Formular befinden sich zwischen den form-Tags die Formulareingabe-Tags – im obigen Beispiel so genannte Radiobuttons. Die im Formular gemachten Angaben werden dann mit Klick auf eine submit-Schaltfläche abgeschickt. Im obigen Beispiel aus dem letzten Kapitel werden die Formularangaben an das PHP-Skript *erfassen.php* geschickt und dort weiterverarbeitet.

In diesem Abschnitt möchte ich Ihnen weitere Formulareingabe-Tags vorstellen. Sie können die Beispiele in einem Formular in einem HTML-Dokument zusammenfassen. Das fertige Dokument steht als *formular.html* auf *www.comborn.de* unter »MySQL aktuell« zum Download zur Verfügung, nachdem Sie als Info-Nr 04my400e eingegeben haben. Im nächsten Kapitel mit der »PHP-Kurzeinführung« können Sie dann für dieses Formular ein Auswertungs-Skript *formularauswertung.php* schreiben (siehe Abbildung 4.4).

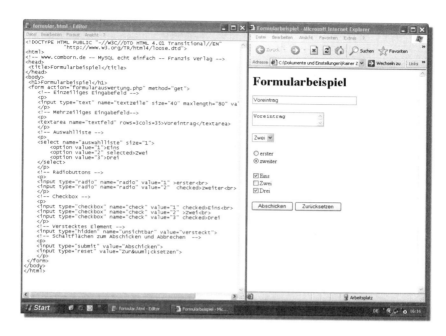

Abb. 4.4: Ein Formular für die Weiterbearbeitung mit PHP

## Definieren des Formularbereichs

Alles, was zwischen den beiden form-Tags steht, gehört zum Formular. Mit action geben Sie im öffnenden form-Tag an, was mit den
Formulardaten passieren soll, wenn der Anwender das Formular ab-
sendet. Die Übertragungsmethode, mit der die Formulardaten an
ihr Ziel gelangen, legen Sie mit method fest. Mehr über die beiden
Auswahlmöglichkeiten get und post, die Sie dabei eintragen können,
erfahren Sie im nächsten Kapitel.

```
<form action="formularauswertung.php" method="get">
```

## Einzeiliges Eingabefeld (input type ="text")

In einer Texteingabezeile können Sie mit size die Länge des Einga-
befeldes und mit maxlength die maximale Länge der Zeichenkette

festlegen. Soll ein Wert in das Feld voreingetragen werden, nutzen Sie die value-Angabe.

```
<input type="text" name="textzeile" size="40" maxlength="80"
value=Voreintrag>
```

### Mehrzeiliges Eingabefeld (textarea)

Im Texteingabefeld können Sie Texte ohne Längenbeschränkung erfassen. Mit rows und columns können Sie die horizontale und vertikale Ausdehnung des Texteingabefeldes festlegen. Ein Eintrag zwischen dem Anfangs- und Ende-Tag wird als Voreintrag angezeigt.

```
<textarea name="textfeld" rows=3 cols=35>Voreintrag</textarea>
```

### Auswahlliste (select)

In einer Auswahlliste legen Sie mit size die Anzahl der gleichzeitig angezeigten Optionen fest. Die Namen der einzelnen Optionen tragen Sie nach dem option-Tag ein. Mit value wird hier der Wert eingetragen. Welche der Optionen beim Öffnen des Formulars angezeigt wird, definieren Sie mit einem selected-Eintrag.

```
<select name="auswahlliste" size="1">
<option value="1">Eins
<option value="2" selected>Zwei
<option value="3">Drei
</select>
```

### Radiobuttons (input type ="radio")

Die Besonderheit bei der Auswahl mit Radiobuttons ist, dass Sie nur eine der Optionen auswählen können. Mit checked können Sie festlegen, welcher Radiobutton beim Formularaufruf gedrückt sein soll.

```
<input type="radio" name="radio" value="1" >erster<br>
<input type="radio" name="radio" value="2"  checked>zweiter<br>
```

### Checkboxen (input type ="checkbox")

Im Unterschied zu Radiobuttons sind bei Kontrollfeldern entweder eine, mehrere oder gar keine Auswahl möglich. Mit checked können Sie ein oder mehrere Kontrollfelder vorauswählen.

```
<input type="checkbox" name="check" value="1" checked>Eins<br>
<input type="checkbox" name="check" value="2" >Zwei<br>
<input type="checkbox" name="check" value="3" checked>Drei<br>
```

### Versteckte Elemente (input type ="hidden")

Für die interne Übergabe von Werten an das PHP-Skript können Sie versteckte Formularfelder nutzen.

```
<input type="hidden" name="unsichtbar" value="versteckt">
```

### Schaltflächen zum Abschicken und Zurücksetzen

Die Schaltfläche zum ABSCHICKEN (input type ="submit") ist zwingend erforderlich, um Formulardaten weiterverarbeiten zu können. Mit der Schaltfläche ZURÜCKSETZEN (input type ="reset") stellen Sie den Ausgangszustand des Formulars wieder her.

```
<input type="submit" name ="abschicken" value="Abschicken">
<input type="reset" name ="zuruecksetzen"  value="Zur&uuml;
cksetzen">
```

Mit name geben Sie der Schaltfläche einen Namen und mit value definieren Sie den Text auf der Schaltfläche.

Das ABSCHICKEN kann natürlich erst funktionieren, wenn Sie im nächsten Kapitel das aufgerufene Skript *formularauswertung.php* erstellt haben. Die Schaltfläche ZURÜCKSETZEN können Sie aber jetzt schon ausprobieren.

# 5 PHP-Kurzeinführung

*Das lernen Sie in diesem Kapitel:*

▣ *PHP stellt die Verbindung her zwischen HTML und MySQL. In diesem Kapitel geht es zunächst um die grundlegenden PHP-Sprachelemente.*

▣ *Danach erfahren Sie mehr zu den Möglichkeiten, die PHP bietet, wenn es um die Formularauswertung geht.*

▣ *Der PHP-Zugriff auf MySQL steht dann in Kapitel 8 im Mittelpunkt.*

*Aktuelle Infos und Downloads zu diesem Kapitel:*

▣ *Geben Sie unter* www.comborn.de/mysql *folgende Info-Nr ein:* 05my439d.

Auf das Werkzeug kommt es an! Und PHP ist beim Erstellen datenbankgestützter Webseiten ein gutes Werkzeug. Zum einen lässt sich PHP ganz einfach in HTML integrieren und zum anderen stehen in PHP viele Funktionen für den Zugriff auf MySQL zur Verfügung.

Ihnen unbekannte Begriffe schlagen Sie bitte im Index nach oder lesen Sie in Kapitel 15 die gesammelten Erklärungen zum Thema »Internet« und »Programmierung«.

## 5.1 PHP-Grundlagen

Genau wie HTML können Sie auch PHP mit einem ganz normalen Editor erfassen. Um bei längeren Skripten den Überblick zu behalten, empfiehlt sich hier der Einsatz eines Editors, der die einzelnen Sprachelemente farblich hervorhebt und die Zeilennummern anzeigt. Auf *www.comborn.de/mysql* finden Sie nach Eingabe der Info-Nr 05my439d Links zu entsprechenden Editoren.

### PHP-Code in HTML einbinden

Anfang und Ende des PHP-Quellcodes müssen in einer vorgegebenen Form gekennzeichnet werden, damit das Skript funktioniert (das heißt vom Webserver ausgeführt werden kann). Die hierfür gebräuchlichste Schreibweise ist der so genannte XML-Stil:

```
<?php
//... hier steht das PHP-Skript
?>
```

Den XML-Stil verwende ich auch hier im Buch. Übrigens können Sie das einleitende PHP dabei auch in Großbuchstaben schreiben. Wenn Sie das php am Anfang weglassen, entspricht das dem SGML-Stil, der allerdings in Verbindung mit XML oder anderen Skriptsprachen Probleme bereiten kann.

### Anweisungen verwenden

PHP-Quellcode besteht aus einer Folge von Anweisungen, die nacheinander abgearbeitet werden. Einzelne Anweisungen müssen voneinander getrennt werden. In PHP wird dazu das Semikolon verwendet. Eine einfache, häufig genutzte Anweisung heißt echo. Mit diesem Befehl wird ein Text im Browser ausgegeben.

```
<?php
echo "Schreiner ";
echo ("und Tischler");
?>
```

Wenn Sie dieses Skript im Browser aufrufen, bekommen Sie Schrei-ner und Tischler angezeigt. Beide Schreibweisen für echo sind also möglich (siehe Abbildung 5.1).

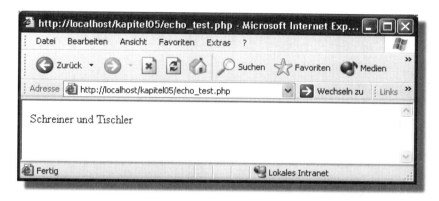

Abb. 5.1: Schreiner und Tischler mit echo ausgegeben

### PHP-Skripte über Webserver aufrufen

Ein PHP-Skript wird nur beim Aufruf über den Webser-ver ausgeführt. Dazu müssen Sie es in Ihrem Stammver-zeichnis speichern. Dieses haben Sie bei der in Kapitel 13 beschriebenen Installation Ihrer lokalen Testumge-bung mit XAMPP unter *C:\Programme\XAMPP\htdocs* an-gelegt. In Ihrer Testumgebung müssen Sie dann im Nor-malfall eine Adresse in den Browser eingeben, die mit *http://localhost/* beginnt, gefolgt vom entsprechenden Verzeichnis- und Dateinamen:

z. B. *http://localhost/umfrage/erfassen.php*.

Kapitel 5 – PHP-Kurzeinführung

### Sonderzeichen ausgeben

Um Anführungszeichen und andere Sonderzeichen ausgeben zu können, muss diesen ein \ (Backslash) vorangestellt werden. Insbesondere, wenn Sie in der echo-Anweisung HTML-Quelltext unterbringen, haben Sie mit diesem Problem zu tun.

```
<?php
echo "<font size=\"5\" face=\"Arial\">Schreinerei</font>";
?>
```

Das obige Skript sollte normalerweise natürlich nicht alleine stehen, sondern in das im letzten Kapitel vorgestellte HTML-Grundgerüst eingebettet sein.

```
<!DOCTYPE HTML PUBLIC "-//W3C//DTD HTML 4.01 Transitional//EN" "
http://www.w3.org/TR/html4/loose.dtd">
<html>
<head>
<title>PHP-Grundlagen</title>
</head>
<body>
<h1>PHP-Grundlagen</h1>
<p>
<?php
   echo "<font size=\"5\" face=\"Arial\">Schreinerei</font>";
?>
</p>
</body>
</html>
```

Dieses Dokument finden Sie als *einstieg.php* auf *www.comborn.de/ mysql*. Den entsprechenden Download-Link bekommen Sie nach Eingabe der Info-Nr 04my400M angezeigt.

### Kommentare als Gedächtnisstütze

Damit Sie auch in drei Monaten noch nachvollziehen können, was Sie sich bei dieser oder jener Zeile gedacht haben, sollten Sie Ihren Quellcode kommentieren. In PHP werden einzeilige Kommentare mit einem einleitenden // gekennzeichnet. Mehrzeilige Kommentare werden mit /* eingeleitet und mit */ beendet. Kommentare können auch nach abgeschlossenen Anweisungen stehen.

```php
<?php
//einzeiliger Kommentar
echo "Schreiner"; //Kommentar nach einer Anweisung
/*Hier beginnt der mehrzeilige Kommentar, der bis zum mehr oder
weniger bitteren Ende führt. */
// echo " und Tischler";
//die obige Anweisung wird nicht ausgeführt!
?>
```

Die Anweisung echo " und Tischler"; wird wegen der davor stehenden Kommentarzeichen nicht ausgeführt. Hierbei spricht man vom »Auskommentieren« einer Zeile. Diese Möglichkeit wird häufig beim Testen eines neuen Skripts eingesetzt. Obiges Skript gibt bei der Anzeige im Browser nur Schreiner aus.

## Variablen speichern Werte

Eine Variable dient als Speicherort für einen Wert. Einer Variablen kann jederzeit ein neuer Wert zugewiesen werden, sie ist also, wie der Name schon sagt, variabel.

### Schreibweise von Variablen

In PHP sind Variablennamen am einleitenden $ zu erkennen. Mit dem Gleichheitszeichen wird einer Variablen der Wert zugewiesen. Variablen können beispielsweise Text, Ganzzahlen oder Gleitkommazahlen enthalten. Auf den Datentyp array gehe ich im Abschnitt »Arrays – Variablen sammeln« weiter unten ein. PHP weist einer Variablen automatisch den gerade benötigten Datentyp zu.

```php
<?php
$textvariable = "Schreiner";
$ganzzahl = 20;
$gleitkommazahl = 38.5;
echo $textvariable ." arbeiten im Durchschnitt $ganzzahl ";
```

```
echo "% mehr als die<br>vorgeschriebenen ";
echo "$gleitkommazahl Stunden pro Woche.<br>";
echo "Das ergibt insgesamt ";
$ueberstunden = ($ganzzahl * $gleitkommazahl /100);
echo $ueberstunden . " &Uuml;berstunden.<br>\n";
echo "Die Zahl $ganzzahl ist in ";
echo "der Variable \$ganzzahl enthalten.<br>";
?>
```

Das Skript ergibt die in der folgenden Abbildung zu sehende Textausgabe:

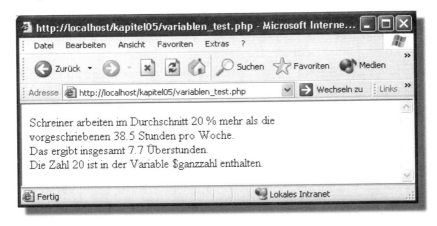

Abb. 5.2: Ein in PHP mit Variablen zusammengesetzter Text

Variablen können entweder direkt zwischen die Anführungszeichen
der echo-Anweisung geschrieben oder mit einem Punkt als Operator eingebunden werden (siehe Seite 84 »Werte zuweisen und ver-
gleichen«). Um nicht den Wert, sondern den Namen der Variablen
auszugeben, muss der Variablen ein Backslash vorangestellt werden.

Gleitkommazahlen müssen mit dem Punkt statt Komma angegeben
werden. Für die Anzeige der bei uns üblichen Komma-Schreibweise
bietet sich die Funktion number_format() an. Im ersten Praxisbeispiel
in Kapitel 3 wurde diese Funktion in *anzeigen.php* zur Formatierung
der Umfrageergebnisse verwendet.

Vier durch Komma getrennte Angaben werden bei `number_format()` benötigt:

- die zu formatierende Zahl,
- die Anzahl der Nachkommastellen,
- das Zeichen vor den Nachkommastellen (",") und
- das Tausender-Trennzeichen (".").

Mit folgender Zeile wird der Wert der Variablen `$ueberstunden` mit einer Nachkommastelle und in der bei uns üblichen Form mit Komma angezeigt.

```
echo number_format($ueberstunden, 1, ",", ".");
```

Beispielsweise würde so statt 7.7 der Wert im Format 7,7 ausgegeben.

### Zeilenumbrüche im Quelltext einfügen

Im obigen Beispiel haben Sie zwar mit `<br>` für die Anzeige im Browser Zeilenumbrüche erzeugt. Aber schauen Sie sich einmal im Browser den Quelltext der vom Skript erzeugten Seite an (mit ANSICHT /QUELLTEXT beim Internet Explorer oder ANSICHT / SEITENQUELLTEXT beim Netscape Navigator). Im Quelltext sehen Sie, dass hier nach `<br>` keine Umbrüche eingefügt wurden!

Mit `\n` weisen Sie den PHP-Interpreter an, auch im erzeugten Quelltext einer Webseite Zeilenumbrüche einzufügen (siehe Abbildung 5.3 auf der nächsten Seite).

```php
<?php
echo "Zeilenumbruch auch im erzeugten<br>\n";
echo "Quelltext";
?>
```

echt einfach – **MySQL**

Abb. 5.3: Das in PHP eingefügte \n erzeugt auch im Quelltext einen Zeilenumbruch

## Mit Operatoren Werte zuweisen und vergleichen

Bei dem Ausdruck $beispiel = "Text"; wird der links stehenden Variable der rechts stehende Wert zugeordnet. Das einfache Gleichheitszeichen wird hier als Zuweisungsoperator bezeichnet.

Im Unterschied zum einfachen Gleichheitszeichen dient das doppelte Gleichheitszeichen als Vergleichsoperator. Mit $a == $b wird überprüft, ob die Werte der beiden Variablen gleich sind. Ist dies der Fall, ergibt der Ausdruck den Wert True. Ansonsten wird False ausgegeben.

Im Beispiel ab Seite 81 wurde der Punkt als Verknüpfungsoperator zum Verbinden von Zeichenketten eingesetzt. Wird der Punkt vor das Gleichheitszeichen gesetzt, wird damit der rechts stehende Wert an die links stehende Variable angehängt. Das folgende Skript gibt Guten Tag! aus.

```
<?php
$a = "Guten ";
$a .= "Tag!";
echo $a;
?>
```

Die arithmetischen Operatoren für Division (/) und Multiplikation (*) wurden im Beispiel ab Seite 81 für die Berechnung der Überstunden verwendet. In der folgenden Tabelle finden Sie die am meisten genutzten Operatoren zusammengefasst.

| Beispiel | Beschreibung |
|---|---|
| $a = $b; | $a wird der Wert von $b zugewiesen. |
| $a - $b; | Differenz von $a und $b. |
| $a + $b; | Summe von $a und $b. |
| $a * $b; | Produkt von $a und $b. |
| $c = $a . $b . "<br>"; | Verknüpfung von Zeichenketten. |
| $a .= $b; | An $a wird der Wert von $b angehängt. |
| $a == $b | TRUE, wenn Wert von $a gleich $b ist. |
| $a != $b | TRUE, wenn Wert von $a ungleich $b ist. |
| $a > $b | TRUE, wenn Wert von $a größer $b ist. |
| $a < $b | TRUE, wenn Wert von $a kleiner $b ist. |
| $a <= $b | TRUE, wenn Wert von $a kleiner oder gleich $b ist. |
| $a >= $b | TRUE, wenn Wert von $a größer oder gleich $b ist. |
| $a++ | Wert von $a wird um 1 erhöht. |
| $a-- | Wert von $a wird um 1 verringert. |
| $a and $b $a && $b | TRUE, wenn sowohl $a als auch $b jeweils TRUE sind. (alternative Schreibweise) |
| $a or $b $a \|\| $b | TRUE, wenn entweder $a oder $bTRUE sind. (alternative Schreibweise) |

## Arrays – Variablen sammeln

Mit einer Variablen vom Typ array (engl.: Ordnung, Reihe) lassen sich mehrere Variablen zusammenfassen.

**Kapitel 5 – PHP-Kurzeinführung**

85

### Eindimensionale Arrays (indiziert)

In Kapitel 3 haben Sie für die Umfrage ein Array erzeugt, das mehrere Bezeichnungen für Holzarten enthält. Hierbei handelt es sich um ein so genanntes indiziertes eindimensionales Array, das eine Kette von Elementen mit fortlaufendem Index von 0 beginnend speichert. Man kann sich das am einfachsten als eine Tabelle mit zwei Spalten vorstellen, wobei in der einen Spalte die Holzbezeichnungen und in der anderen der von 0 hochgezählte Index steht (siehe Tabelle 5.2).

| 0 | "Buche" |
|---|---|
| 1 | "Fichte" |
| 2 | "Kiefer" |
| 3 | "Eiche" |
| 4 | "Anderes Holz" |

Tabelle 5.2: Einträge im indizierten Array sind als Spalte einer Tabelle vorstellbar

Für das Erstellen des Arrays haben Sie die array-Funktion verwendet.

```
$holzname=array("Buche", "Fichte", "Kiefer", "Eiche", "Anderes
Holz");
```

Manuell erzeugen Sie dasselbe Array folgendermaßen:

```php
<?php
$holzname[0] = "Buche";
$holzname[1] = "Fichte";
$holzname[2] = "Kiefer";
$holzname[3] = "Eiche";
$holzname[4] = "Anderes Holz";
?>
```

Da PHP beim Erstellen von Arrays automatisch einen von 0 ansteigenden Index erzeugt, könnten Sie die Zahlen in den eckigen Klammern auch weglassen.

```php
<?php
$holzname[] = "Buche";
$holzname[] = "Fichte";
$holzname[] = "Kiefer";
$holzname[] = "Eiche";
```

```
$holzname[] = "Anderes Holz";
?>
```

Unabhängig davon, auf welche Weise Sie das Array mit den Holznamen erzeugt haben, mit echo $holzname[3]; können Sie in jedem Fall Eiche ausgeben.

## Eindimensionale Arrays (assoziativ)

Im Gegensatz zum indizierten Array wird beim assoziativen Array keine fortlaufende Zahlenreihe als Index verwendet, sondern es können unterschiedliche Bezeichnungen eingesetzt werden. Vorstellbar ist ein assoziatives Array als Zeile einer Tabelle, wobei die Indexbezeichnungen die Spaltenköpfe bilden.

| Name | Feste | Farbe | Schwund |
|------|-------|-------|---------|
| "Buche" | "hart" | "gelblich" | "stark" |

Tabelle 5.3: Einträge im assoziativen Array sind als Zeile einer Tabelle vorstellbar

Manuell lässt sich ein assoziatives Array wie folgt füllen:

```
<?php
$holzeigenschaft["name"] = "Buche";
$holzeigenschaft["feste"] = "hart";
$holzeigenschaft["farbe"] = "gelblich";
$holzeigenschaft["schwund"] = "stark";
?>
```

Mit der array-Funktion erzeugen Sie das Array folgendermaßen:

```
<?php
$holzeigenschaft = array("name"=>"Buche", "feste"=>"hart",
"farbe"=>"gelblich", "schwund"=>"stark");
?>
```

Mit echo$holzeigenschaft["farbe"]; wird gelblich ausgegeben.

## Mehrdimensionale Arrays

Um die folgende Tabelle mit den Eigenschaften der einzelnen Hölzer in einem Array zu speichern, benötigen Sie ein zweidimensionales Array.

| Index | Name | Feste | Farbe | Schwund |
|---|---|---|---|---|
| 0 | "Buche" | "hart" | "gelblich" | "stark" |
| 1 | "Fichte" | "weich" | "gelblich" | "gering" |
| 2 | "Kiefer" | "weich" | "rotbraun" | "gering" |
| 3 | "Eiche" | "hart" | "gelbbraun" | "gering" |

Tabelle 5.4: Zweidimensionales Array speichert Tabellendaten

Letztlich entsteht ein zweidimensionales Array durch das Speichern von Arrays in Arrays. Sie haben beispielsweise die Möglichkeit, für die einzelnen Spalten (genau wie schon für die Spalte Name) indizierte Arrays zu erstellen und diese dann in einem weiteren indizierten Array zu speichern.

```php
<?php
$name = array("Buche", "Fichte", "Kiefer", "Eiche");
$feste = array("hart", "weich", "weich", "hart");
$farbe = array("gelblich", "gelblich", "rotbraun", "gelbbraun");
$schwund = array("stark", "gering", "gering", "gering");
$holz_i[0] = array($name[0],$feste[0],$farbe[0],$schwund[0]);
$holz_i[1] = array($name[1],$feste[1],$farbe[1],$schwund[1]);
$holz_i[2] = array($name[2],$feste[2],$farbe[2],$schwund[2]);
$holz_i[3] = array($name[3],$feste[3],$farbe[3],$schwund[3]);
echo $holz_i[2][2];
?>
```

Das Skript gibt rotbraun aus. Der Array-Index beginnt bei 0 und die Indexspalte selber wird nicht gezählt. Mit der echo-Anweisung rufen Sie also die dritte Zeile in der dritten Spalte der Tabelle auf.

Alternativ können Sie das zweidimensionale Array auch erstellen, indem Sie für die einzelnen Zeilen assoziative Arrays definieren und diese dann in einem weiteren Array speichern.

```php
<?php
$holz_a[0] = array("name" =>"Buche", "feste"=>"hart",
"farbe"=>"gelblich", "schwund"=>"groß");
$holz_a[1] = array("name" =>"Fichte", "feste"=>"weich",
"farbe"=>"gelblich", "schwund"=>"gering");
$holz_a[2] = array("name" =>"Kiefer", "feste"=>"weich",
"farbe"=>"rotbraun", "schwund"=>"gering");
$holz_a[3] = array("name" =>"Eiche", "feste"=>"hart",
"farbe"=>"gelbbraun", "schwund"=>"gering");
echo $holz_a[2]["farbe"];
?>
```

Auch in diesem Fall wird rotbraun ausgegeben.

 **Superglobale Arrays bei Formularauswertung**

Die von einem Formular übermittelten Variablen stehen in so genannten superglobalen Arrays zur Verfügung. Mit $_Post haben Sie ein Beispiel hierfür in Kapitel 3 kennen gelernt. Nachdem Sie sich jetzt mit Arrays beschäftigt haben, ist sicher auch die auf den ersten Blick etwas merkwürdige Schreibweise verständlich: Mit $_POST["holz"] wird der im Array $_POST gespeicherte Wert für die Variable holz aufgerufen. Auf Seite 102 geht es im Zusammenhang mit der Formularauswertung über GET und POST noch einmal um die superglobalen Arrays.

## Programmsteuerung mit PHP

Bei der Programmierung geht es meist vor allem darum festzulegen, welche Aktionen wie oft unter welchen Bedingungen ausgeführt werden sollen. Hierzu stehen in PHP eine ganze Reihe von Kontrollstrukturen zur Verfügung.

Kapitel 5 – PHP-Kurzeinführung

### Bedingungen auswerten mit »if«

Die if-Anweisung setzt sich zusammen aus dem if-Befehl und der in Klammern folgenden Bedingung. Ist die Bedingung erfüllt, werden die Anweisungen ausgeführt, die in dem durch geschweifte Klammern begrenzten Block stehen. Solange in dem folgenden Beispiel die Variable $a auf den Wert 7 gesetzt ist, erfolgt die Ausgabe von sieben.

```php
<?php
$a=7;
if ($a == 7){
echo "sieben";
}
?>
```

Mit else können Sie festlegen, was passieren soll, wenn die if-Bedingung nicht erfüllt ist. Zum Verbinden mehrerer if-Anweisungen können Sie elseif verwenden.

```php
<?php
$a=7;
if ($a == 7){
    echo "<font size =\"5\" face = \"Arial\">sieben</font>";
}elseif($a == 8){
    echo "acht";
}elseif($a == 9){
    echo "neun";
}else{
    echo "was anderes";
}
?>
```

Als alternative Schreibweise verwenden Sie anstelle der geschweiften Klammern zur Einleitung des Blocks einen Doppelpunkt und zum Beenden den Befehl endif.

```php
<?php
$a=7;
if ($a == 7) :
    echo "<font size =\"5\" face = \"Arial\">sieben</font>";
elseif($a == 8) :
    echo "acht";
```

```
elseif($a == 9) :
    echo "neun";
else:
    echo "was anderes";
endif;
?>
```

Der PHP-Quelltext lässt sich folgendermaßen innerhalb der if-Anweisung durch HTML unterbrechen:

```
<?php
$beruf = "Schreiner";
if ($beruf == "Schreiner"){
?>
<b><font size ="4" face = "Arial">Schreiner</font></b>
<?php
}else{
?>
<b><font size ="3" face = "Arial">Was anderes</font></b>
<?php
}
?>
```

In der alternativen Schreibweise lassen sich dieselben Unterbrechungen entsprechend realisieren:

```
<?php
$beruf = "Schreiner";
if ($beruf == "Schreiner") :
?>
<b><font size ="4" face = "Arial">Schreiner</font></b>
<?php
else :
?>
<b><font size ="3" face = "Arial">Was anderes</font></b>
<?php
endif;
?>
```

Wenn Sie größere Blöcke von HTML-Quelltext auf diese Weise einbinden, sparen Sie das Maskieren der Sonderzeichen durch den Backslash.

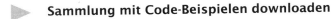

### Sammlung mit Code-Beispielen downloaden

Auf *www.comborn.de/mysql* können Sie nach Eingabe
der Info-Nr 05my439d die hier vorgestellten Code-Beispiele
downloaden, die in *grundlagen.php* zusammengefasst
sind.

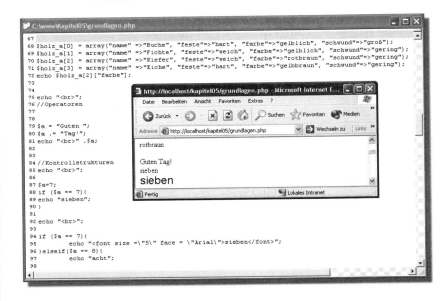

Abb. 5.4: In *grundlagen.php* sind die Beispiele zusammengefasst

#### Mehrere Zustände auswerten mit »switch«

Wenn es darum geht, für eine einzelne Variable verschiedene Zustände auszuwerten, lässt sich dies auch mit der switch-Anweisung
realisieren. Die zu untersuchende Variable steht in der Klammer nach
dem switch-Befehl.

```php
<?php
$auswahl = 2;
switch($auswahl){
    case 1:
```

```
          echo "eins";
     break;
     case 2:
          echo "zwei";
     break;
     case 3:
          echo "drei";
     break;
     default:
          echo "was anderes";
}
?>
```

Wenn der Wert der Variablen dem in einem case-Abschnitt angegebenen Wert entspricht, wird der zugehörige Ausdruck ausgeführt. Mit dem break-Befehl wird die switch-Anweisung verlassen. Der default-Teil wird nur ausgeführt, wenn keine der definierten case-Bedingungen zutrifft. Im obigen Beispiel wird zwei ausgegeben.

## Schleifen durchlaufen mit »while«

Soll ein Block in Abhängigkeit von einer Bedingung mehrfach abgearbeitet werden, können Sie die while-Anweisung nutzen.

```
<?php
$zaehler = 0;
$ende = 4;
while ($zaehler < $ende){
echo $zaehler . "<br>";
$zaehler++;
}
?>
```

Achten Sie darauf, dass Sie nicht bei der Definition einer Schleife versehentlich eine Endlosschleife produzieren. Wenn Sie im oberen Quellcode die Zeile $zaehler++; weglassen würden, wäre dies der Fall.

Im folgenden Beispiel werden in der while-Schleife alle Werte eines eindimensionalen Arrays ausgegeben.

```php
<?php
$beruf = array("Schreiner", "Tischler", "Maurer", "Koch");
$i=0;
while ($i < count ($beruf)){
echo $beruf[$i] . "<br>";
$i++ ;
}
?>
```

Die Ausgabe eines zweidimensionalen Arrays zeige ich Ihnen am Beispiel des ab Seite 89 erstellten Arrays $holz_a.

```php
<?php
//zuvor muss das zweidimensionale array
//$holz_a definiert sein!
$i=0;
while ($i < count($holz_a)){
echo $holz_a[$i]['name'] . " " . $holz_a[$i]['feste'] . " ";
echo $holz_a[$i]['farbe'] . " " . $holz_a[$i]['schwund'];
echo "<br>";
$i++ ;
}
?>
```

Arrays lassen sich in einer foreach-Schleife noch einfacher ausgeben. Die foreach-Schleife beschreibe ich auf Seite 95.

Bei der Variante einer do-while-Schleife erfolgt die Prüfung der Austrittsbedingung erst am Ende des eingeschlossenen Blocks. Dadurch werden die Anweisungen im eingefassten Block zumindest einmal ausgeführt.

```php
<?php
$zaehler = 0;
$ende = 0;
do {
echo $zaehler . "<br>";
$zaehler++;
} while ($zaehler < $ende);
?>
```

## Schleifen durchlaufen mit »for«

Mit der auch als Zählschleife bezeichneten for-Schleife können Sie ab einem gewählten Startwert so lange hoch- oder runterzählen, bis eine festgelegte Bedingung zutrifft. Folgende Schleife zählt von 0 bis 7.

```php
<?php
for($i = 0; $i <=7; $i++){
echo $i . "<br>";
}
?>
```

Mit $i = 0 wurde der Zählvariable $i der Startwert 0 zugewiesen. Solange die Bedingung $i <= 7 gilt, wird die Zählvariable mit $i++ um eins erhöht.

Die folgende for-Schleife erzeugt einen Countdown von 10 bis 1.

```php
<?php
echo "Countdown:<br>";
for($i = 10; $i >=0; $i--){
echo $i . "<br>";
}
?>
```

## Schleifen durchlaufen mit »foreach«

Für das Auswerten von Arrays bietet sich die foreach-Schleife an, die seit Version 4 in PHP zur Verfügung steht. Mit foreach lassen sich wesentlich einfacher als mit einer while-Schleife alle Elemente eines Arrays ausgeben.

```php
<?php
$beruf = array("Schreiner", "Tischler", "Maurer", "Koch");
foreach($beruf as $element){
echo $element . "<br>";
}
?>
```

Zur Demonstration der Auswertung eines zweidimensionalen Arrays verwende ich wieder das ab Seite 89 beschriebene Beispielarray $holz_a.

```php
<?php
//zuvor muss das zweidimensionale array
//$holz_a definiert sein!
foreach ($holz_a as $element){
echo $element['name'] . " " . $element['feste'] . " ";
echo $element['farbe'] . " " . $element['schwund'];
echo "<br>";
}
?>
```

### Skriptausführung beenden mit »die« oder »exit«

Soll die Abarbeitung des aktuellen Skripts beendet werden, können Sie dafür die Befehle exit oder die benutzen.

```php
<?php
$beenden = "exit";
//$beenden = "die";
if($beenden == "die"){
    die("Beenden mit \"die\".\n</p>\n</body>\n</html>");
    echo "Nach \"die\" geht es nicht weiter";
}elseif($beenden == "exit"){
    echo "Beenden mit \"exit\".\n</p>\n</body>\n</html>";
    exit;
    echo "Nach \"exit\" geht es nicht weiter";
}
?>
```

Bei die können Sie in Klammern einen Text angeben, der beim Beenden des Skripts angezeigt wird. Soll bei der Beendigung mit exit eine Textausgabe erfolgen, so müssen Sie diese mit echo selbst ergänzen.

Wenn Ihr PHP-Skript in HTML eingebunden ist, sollten Sie darauf achten, alle noch offenen HTML-Tags vor der Beendigung des Skripts zu schließen. Im obigen Skript wurden der html-, der body- und der p-Tag geschlossen.

## 5.2 PHP-Funktionen

Aus der Vielzahl von Funktionen, die PHP bietet, möchte ich an dieser Stelle eine Auswahl vorstellen. Dabei geht es mir um Funktionen, die für den Einstieg in PHP und die Beispiele dieses Buches wichtig sind. In den folgenden Tabellen finden Sie die Funktionen nach Themengebieten zusammengefasst.

### Funktionen für Zeichenketten

Besonders bei der Auswertung von Formularen,sind viele der aufgelisteten Funktionen sehr nützlich.

| Funktion/Beispiel | Beschreibung |
| --- | --- |
| addslashes($string) | Setzt einen Backslash vor bestimmte Zeichen (' und " und \ und vor das Null-Byte). Wichtig für Datenbankabfragen. |
| chop($string) | Entfernt Leerzeichen vom Ende der Zeichenketten. |
| echo($string) | Gibt eine Zeichenkette aus. |
| htmlentities($string) | Wandelt Sonderzeichen in HTML-Schreibweise um. |
| ltrim($string) | Entfernt führende Leerzeichen. |
| nl2br($string) | Wandelt Zeilenumbrüche (\n) in einen HTML-Zeilenumbruch um. |
| rtrim($string) | Entfernt Leerzeichen am Ende. |
| strip_tags($string) | Entfernt alle PHP- und HTML-Tags. |

| Funktion/Beispiel | Beschreibung |
|---|---|
| stripslashes($string) | Kehrt die Funktion addslashes() um und entfernt alle Backslashes vor Sonderzeichen. |
| strlen($string) | Gibt die Länge der Zeichenkette als Ganzzahl zurück. |
| strtolower($string) | Wandelt alle Zeichen in Kleinbuchstaben um. |
| strtoupper($string) | Wandelt alle Zeichen in Großbuchstaben um. |
| str_replace($str_alt, $str_neu, $string) | Ersetzt innerhalb von $string alle Vorkommen von $str_alt durch $str_neu. |
| substr($string, $int_start, $int_anz) | Gibt von $string ab der Position $int_start insgesamt $int_anz Zeichen zurück. $int_start und $int_anz sind Ganzzahlen. Ohne $int_anz werden alle restlichen Zeichen ausgegeben. |
| trim($string) | Entfernt Leerzeichen vom Anfang und Ende. |

Tabelle 5.5: Funktionen für Zeichenketten

## Weitere Funktionen

Einige der hier aufgeführten Funktionen kennen Sie schon, andere werden im Verlauf des Buches benötigt.

| Funktion | Beschreibung |
|---|---|
| array($string1, $string(...)) | Erzeugt aus den gegebenen Werten ein Array. |
| count($array) | Ermittelt die Anzahl der Elemente des Arrays. |
| number_format($double, $int_anz, $komma, $tausend) | Formatiert die Zahl $double mit $int_anz Stellen nach dem Komma. Das Kommazeichen wird mit $komma definiert, der Tausenderpunkt mit $tausend. |
| ereg($muster, $string) | TRUE, wenn die Suche nach dem regulären Ausdruck $muster in $string erfolgreich war. |
| eregi($muster, $string) | Wie ereg nur ohne Unterscheidung zwischen Groß- und Kleinschreibung. |
| eregi_replace ($muster, $ersetz, $string) | Sucht in $string nach dem regulären Ausdruck $muster und ersetzt alle Übereinstimmungen durch $ersetz. |
| date($format; $datum) | Formatiert $datum in der in $format festgelegten Form. Ohne $datum wird die aktuelle Datumszeit formatiert. |
| mktime($stunde, $minute, $sekunde, $monat, $tag, $jahr) | Ermittelt anhand der Angaben den UNIX-Zeitstempel. Die einzelnen Angaben müssen als Ganzzahl erfolgen. |

| Funktion | Beschreibung |
|---|---|
| `time()` | Gibt den aktuellen UNIX-Zeitstempel zurück. |
| `strftime($format; $datum)` | Wie `date`, jedoch wird die Zeit-/Datumsangabe nach den lokalen Einstellungen formatiert. |
| `setlocale($kategorie, $lokal)` | Setzt lokale Informationen, die z. B. in `strftime` zur Formatierung verwendet werden. |
| `empty($var)` | TRUE, wenn die Variable nicht definiert, leer oder gleich 0 ist. |
| `isset($var)` | TRUE, wenn Variable oder Array existieren. |

Tabelle 5.6: Weitere Funktionen

## Grundlegende MySQL-Funktionen

Die Stärke von PHP sind die vielen Funktionen für den Zugriff auf My-SQL. Hier sollen zunächst die wichtigsten Funktionen der bewährten MySQL-Schnittstelle zusammengefasst werden.

| Funktion | Beschreibung |
| --- | --- |
| mysql_close($linkID) | Schließt eine geöffnete Verbindung zur Datenbank. Wird in $linkID keine Verbindungskennung eingetragen, wird die letzte geöffnete Verbindung geschlossen. |
| mysql_connect ($verbindung) | Öffnet eine Datenbankverbindung mit den unter $verbindung gemachten Angaben. |
| mysql_fetch_array ($int_result, $typ) | Liest eine Zeile aus der Ergebnismenge $int_result und gibt sie als Array aus. $typ gibt die Art des Arrays an. |
| mysql_query($str_query, $linkID) | Übergibt eine SQL-Anweisung an die aktuelle Datenbank oder an die mit $linkID spezifizierte. |
| mysql_select_db($str_db, $linkID) | Wählt für die folgenden Abfragen eine Datenbank als Standard aus. |

Tabelle 5.7: MySQL-Funktionen

## 5.3 Formularauswertung mit PHP

Anhand des Beispielformulars *formular.html,* das Sie im letzten Kapitel erstellt haben, soll nun die Auswertung mit PHP demonstriert werden. Auch das HTML-Dokument *formular.html* können Sie von *www.comborn.de/mysql* nach Eingabe der Info-Nr 04my400M herunterladen. Bitte speichern Sie *formular.html* in Ihrem Stammverzeichnis, damit Sie es über Ihren lokalen Webserver aufrufen können.

### Auswertungsskript Version 1

Damit Sie gleich mit dem Ausprobieren anfangen können, schreiben Sie bitte folgendes Skript zwischen die body-Tags des im letzten Kapitel vorgestellten HTML-Grundgerüstes. Als Titel und Überschrift können Sie dabei jeweils Formularauswertung eintragen.

```php
<?php
    echo $_GET['textzeile'] . "<br>";
    echo $_GET['textfeld'] . "<br>";
    echo $_GET['auswahlliste'] . "<br>";
    echo $_GET['radio'] . "<br>";
    echo $_GET['unsichtbar'] . "<br>";
    echo $_GET['check'] . "<br>";
?>
```

Speichern Sie das Ganze dann als *formularauswertung.php* in Ihrem Stammverzeichnis.

### GET und POST – zwei Möglichkeiten

Beim Formularentwurf geben Sie im öffnenden form-Tag mit GET oder POST die Methode an, mit der die Formulardaten übermittelt werden sollen. In unserem Beispielformular ist hier GET eingetragen.

```
<form action="formularauswertung.php" method="get">
```

Bei dieser Methode werden die Daten aus dem Formular direkt an die bei der Übertragung aufgerufene URL angehängt. Damit Sie sich anschauen können, wie so etwas aussieht,

▶ 1     öffnen Sie mit *http://localhost/formular.html* Ihr Formular,

▶ 2     tragen in die obersten beiden Textfelder jeweils ein Wort ein und

▶ 3     klicken auf ABSCHICKEN.

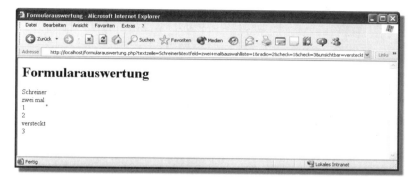

Abb. 5.5: Daten aus dem Formular mit GET übermitteln

Jetzt sehen Sie, wie in der Adresszeile des Browsers die Daten aus dem Formular übermittelt werden. Dabei handelt es sich um Variablen mit den Namen der Formularfelder (also beispielsweise textfeld). Für jede Variable ist nach einem Gleichheitszeichen der zugehörige Wert aufgeführt. Die einzelnen Variablen-Wert-Paare sind durch & verbunden.

Nachdem Sie das Formular ausgefüllt und abgeschickt haben, stehen die mit GET übermittelten Variablen im superglobalen Array $_GET zur Verfügung, das Sie in *formularauswertung.php* verwendet haben.

Ändern Sie nun in *formular.html* den Eintrag im form-Tag von GET zu POST. Wenn Sie jetzt auf ABSCHICKEN klicken, werden die Formulardaten mit POST im Körper der Nachricht übermittelt, ohne in der URL angezeigt zu werden. Allerdings erscheint jetzt keine Auswertung, weil in *formular.php* nur $_GET und nicht $_POST ausgewertet wird. Entweder Sie ändern jetzt alle Eintragungen zu $_POST oder zu $_REQUEST.

**Verwendung von »$_GET« und »$_POST«**

Auf mit GET übermittelte Variablen greifen Sie über $_GET zu und auf mit POST übermittelte Variablen mit $_POST. Wenn Sie Formulardaten mit POST übergeben und mit $_POST auswerten, machen Sie Ihr Skript damit sicherer: Sie verbauen auf diese Weise einem potenziellen Angreifer die Möglichkeit, über eine manipulierte URL Daten einzuschleusen.

Wenn Sie bei einem Skript sowohl über GET als auch über POST Daten übergeben, macht eine Einschränkung auf $_GET oder $_POST keinen Sinn. In diesem Fall greifen Sie auf alle übertragenen Variablen und Werte über das superglobale Array $_REQUEST zu.

### Wo liegen die Unterschiede?

Mit POST können größere Datenmengen übertragen werden als mit GET, wo die Übertragungsmenge auf ca. 2 KB beschränkt ist. Die bei GET direkt in der URL stehenden Variablen lassen sich leicht manipulieren, haben aber den Vorteil, dass so Variablen direkt in einem Link gespeichert werden können.

Beim Speichern von Variablen in einem Link bilden Sie praktisch das, was Sie in Bild 5.5 auf der vorherigen Seite in der Adresszeile sehen, als Link nach. Hier ein Beispiel.

Speichern Sie die folgenden Zeilen unter *direkt.php*:

```
<a href="direkt.php?vor=Hans&nach=Dampf">Link 1</a><br>
<a href="direkt.php?vor=Rita&nach=Haase">Link 2</a><br>
<?php
echo $_GET['vor'] ." " .$_GET['nach'];
?>
```

Wenn Sie es ganz ordentlich machen wollen, können Sie den Abschnitt auch zwischen die body-Tags des HTML-Grundgerüsts einfügen. Rufen Sie das Skript nun in Ihrem Browser auf und klicken Sie auf die Links. Dabei werden die in den Links gespeicherten Variablen-angaben auch ohne Formular übertragen und mit echo angezeigt.

## Auswertungsskript Version 2

Zurück zum Beispielformular *formular.html*. In der ersten Version des Auswertungsskripts wurden zwar die übermittelten Daten angezeigt, aber bei genauerer Betrachtung besteht noch Nachbesse-rungsbedarf.

### Zeilenumbrüche übernehmen

Wenn im Formular in einem mehrzeiligen Eingabefeld manuell Zeilen-umbrüche eingefügt werden, wird dabei ein \n erzeugt, was aber bei der Auswertung in HTML nicht als Umbruch angezeigt wird. Mit der Funktion nl2br() werden die Zeilenumbrüche in das HTML-Format umgesetzt.

```
$textfeld = nl2br ($textfeld);
```

Beachten Sie, dass die Tags dabei nicht als <br> sondern in der Form <br /> ausgegeben werden. Dies entspricht zwar der neuen XHTML-Schreibweise, kann aber in alten Browsern für Fehler sorgen. Um die Zeilenumbrüche aus dem Textfeld in Tags in der Form <br> umzuwandeln, können Sie stattdessen die Funktion str_replace() zur Zeichenersetzung verwenden.

```
$textfeld = str_replace("\n","<br>",$_REQUEST["textfeld"]);
```

### Mehrere Checkboxen auswerten

In der jetzigen Form wird immer nur der Wert der letzten im Formu-lar ausgewählten Checkbox angezeigt. Damit die Auswertung auch bei mehreren ausgewählten Checkboxen funktioniert, müssen Sie einen kleinen Trick anwenden. Wie Sie aus dem Abschnitt zu Arrays ab Seite 85 wissen, sind Arrays Variablen, die mehrere Variablen speichern können. Und genau das machen wir uns jetzt zunutze.

Bitte ändern Sie in *formular.html* in den Zeilen für die Checkboxen den Namen von check zu check[] und speichern Sie das Dokument unter *formular2.html*. Damit wird nun statt eines einfachen Wertes in check ein Array übermittelt.

Für die Auswertung dieses Arrays ersetzen Sie in *formularauswertung.php* die bisherige Zeile

```
echo $check . "<br>";
```

durch folgende foreach-Schleife:

```
foreach($check as $element){
echo $element . "<br>";
}
```

Hier der Kern des überarbeiteten Skripts:

```
<?php
if(isset($_REQUEST["abschicken"])){
    $textfeld =str_replace("\n","<br>",$_REQUEST["textfeld"]);
    echo $_REQUEST["textzeile"] . "<br>";
    echo $textfeld . "<br>";
    echo $_REQUEST["auswahlliste"] . "<br>";
    echo $_REQUEST["radio"] . "<br>";
    echo $_REQUEST["unsichtbar"] . "<br>";
    $check=$_REQUEST["check"];
    foreach($check as $element){
        echo $element . "<br>";
    }
}
?>
```

Speichern Sie das Skript als *formularauswertung2.php* und tragen Sie es in *formular2.html* als aufzurufendes Skript in den öffnenden form-Tag ein. Jetzt werden auch mehrere ausgewählte Checkboxen aufgelistet.

## Variante: alles in einem Skript

Wenn im Formular eine erforderliche Eintragung nicht gemacht wurde, ist das Vorgehen bei der jetzigen Aufteilung in eine HTML-Datei mit dem Formular und ein PHP-Skript zur Auswertung eher schwierig. So lässt sich ein Hinweis, in welchem Feld eine Eintragung fehlt, nicht direkt im HTML-Dokument unterbringen.

Einfacher wird das Ganze, wenn Formular und Auswertung in einem Skript zusammengefasst werden. Anhand des in der folgenden Abbildung gezeigten Formulars möchte ich das Prinzip verdeutlichen.

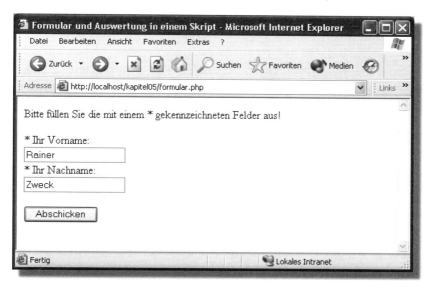

Abb. 5.6: Formular und Abfrage in einem Skript

Der im Formular eingegebene Name soll nach Klick auf ABSCHICKEN angezeigt werden. Das Formular soll dabei so lange erneut erscheinen, bis beide Felder ausgefüllt wurden. Erst dann soll die Ausgabe der Formularauswertung erfolgen.

Zunächst geht es also darum zu prüfen, ob das Formular abgeschickt wurde oder ob es sich um einen Direktaufruf des Skripts handelt.

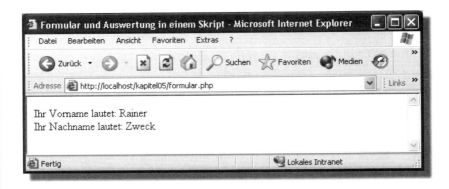

Abb. 5.7: Erst wenn alles ausgefüllt wurde, erscheint das Ergebnis

Mit `isset` wird dabei in einem `if`-Ausdruck geprüft, ob die Variable `$_POST["abschicken"]` existiert. Dies ist der Fall, wenn im Formular auf ABSCHICKEN geklickt wurde. Wenn das Formular bereits abgeschickt wurde, soll statt des Formulars die Auswertung angezeigt werden. Damit ergibt sich grob folgende Struktur:

```
if(!isset($_POST["abschicken"])){
//..Formular anzeigen
}else{
//.. Auswertung anzeigen
}
```

### ▶ Mit »isset« auf der sicheren Seite

Sie können die Existenz einer Variable auch verkürzt mit `if($_POST["abschicken"])` prüfen. Allerdings setzt das voraus, dass die PHP-Fehlertoleranz entsprechend eingestellt ist. Bei den meisten Providern wird in der verkürzten Schreibweise kein Fehler angezeigt, aber vielleicht haben Sie ja gerade einen Ausnahmeprovider. Wie Sie die Einstellungen in Ihrer lokalen Testumgebung anpassen, ist in Kapitel 13 beschrieben.

In dem Beispiel wird ergänzend noch mit empty() abgefragt, ob eines der auszufüllenden Felder leer ist. Auch in diesem Fall soll wieder das Formular angezeigt werden.

```
if((!isset($_POST["abschicken"]))or(empty($_POST["vor"]))or(empty
($_POST ["nach"]))){...}
```

Falls einer der Werte leer ist, wird in einer Variable ein Sternchen gespeichert, das dann vor dem auszufüllenden Feld angezeigt wird.

```
if(empty($_POST["vor"])){$vor=""; $vor_err="* ";
}else{$vor=$_POST["vor"];$vor_err=" ";}
```

Ein bereits ausgefüllter Wert wird wieder im Formular angezeigt, da er mit <?php echo $nach ?> in die value-Eigenschaft des entsprechenden Feldes eingetragen wird.

```
<input type="text" name="nach" value="<?php echo $nach ?>">
```

Der Name des aktuellen Skripts ist immer in der Variable $_SEVER ['PHP_SELF'] gespeichert und wird im Beispiel für den Formularaufruf verwendet.

```
<form action="<?php $_SEVER[?PHP_SELF?] ?>" method="post">
```

Hier das komplette Skript, das Sie bitte unter *formular.php* speichern.

```
<!DOCTYPE HTML PUBLIC "-//W3C//DTD HTML 4.01 Transitional//EN" "
http://www.w3.org/TR/html4/loose.dtd">
<html><head>
<title>Formular und Auswertung in einem Skript</title>
</head>
<body><p>
<?php
if((!isset($_POST["abschicken"])) or
    (empty($_POST["vor"])) or
    (empty($_POST["nach"]))){

//Formular anzeigen, wenn Eintragung fehlt.

    if(empty($_POST["vor"])){
        $vor_err="* ";$vor="";
```

```
    }else{
        $vor_err=" "; $vor=$_POST["vor"];
    }
    if(empty($_POST["nach"])){
        $nach_err="* ";$nach="";
    }else{
        $nach_err=" "; $nach=$_POST["nach"];
    }
?>
Bitte füllen Sie die mit einem * gekennzeichneten Felder aus!<br>
<form action="<?php $_SEVER[?PHP_SELF?] ?>" method="post">
<p>
<?php echo $vor_err ?>
Ihr Vorname:<br>
<input type="text" name="vor" value="<?php echo $vor ?>">
<br>
<?php echo $nach_err ?>
Ihr Nachname:<br>
<input type="text" name="nach" value="<?php echo $nach ?>">
</p>
<input type="submit" name = "abschicken" value="Abschicken">
<?php
}else{
// Auswertung anzeigen, wenn alles eingetragen wurde.
echo "Ihr Vorname lautet: " . $_POST["vor"] ."<br>";
echo "Ihr Nachname lautet: " . $_POST["nach"];
}
?>
</p></body></html>
```

## Weitere Verbesserungen

Mit den grundlegenden Möglichkeiten der Formularauswertung sind Sie nun vertraut. Hier ein paar Punkte, die Sie bei der Arbeit mit Formularen beachten müssen.

### Sicherheit

Grundsätzlich stellt jede Eingabemöglichkeit in einem Formular auch ein Sicherheitsrisiko dar. Damit niemand Ihnen auf diesem Wege ein PHP-Skript unterjubeln kann, sollten Sie aus allen Eingabefeldern mit `strip_tags` die HTML- und PHP-spezifischen Zeichen entfernen.

```
echo "Ihr Vorname lautet: " . strip_tags($vor) ."<br>";
```

### Sonderzeichen

Sonderzeichen, wie beispielsweise einfache oder doppelte Anführungszeichen, können bei der Verarbeitung zu Problemen führen. Die Möglichkeit, Sonderzeichen mit dem Backslash zu maskieren, kennen Sie bereits.

### Funktionen auslagern

Im Praxisbeispiel in Kapitel 3 haben Sie gelernt, die Zugangsdaten in eine eigene Datei auszulagern und dann bei Bedarf über `include` einzubinden. Die Möglichkeit, häufig benötigte Funktionen auf diese Weise auszulagern, kann auch bei der Formularauswertung genutzt werden. In Kapitel 8 zeige ich Ihnen, wie Sie mit der Definition einer so genannten Klasse noch einen Schritt weiter gehen können und eine feste Struktur für Ihre ausgelagerten Funktionen schaffen.

**Kapitel 5 – PHP-Kurzeinführung**

# 6 MySQL-Grundlagen

*Das lernen Sie in diesem Kapitel:*

- *In diesem Kapitel möchte ich mit Ihnen die beim Entwurf einer Datenbank notwendigen Schritte durchgehen.*

- *Am Ende erstellen Sie auf Grundlage dieses Entwurfs eine Datenbank, die dann in Kapitel 10 für das Praxisbeispiel »Mailer« verwendet wird.*

*Aktuelle Infos und Downloads zu diesem Kapitel:*

- *Geben Sie unter* www.comborn.de/mysql *folgende Info-Nr ein:* 06my187f.

Wenn Sie bisher noch nichts mit Datenbanken zu tun hatten, werden Ihnen hier sicherlich viele Begriffe merkwürdig vorkommen. In Kapitel 15 finden Sie auch zum Thema Datenbanken eine Zusammenstellung von Begriffserklärungen.

## 6.1 Eine Datenbank entwerfen

Beim Entwurf einer Datenbank tauchen immer wieder ähnliche Schwierigkeiten auf. Es gibt allerdings eine theoretisch fundierte Anleitung, um die auftretenden Probleme zu lösen. Der Nachteil ist nur, dass diese Anleitung sehr abstrakt ist. Im Folgenden habe ich das Ganze in eine Abfolge von praktischen Schritten übersetzt, die Ihnen beim Datenbankentwurf helfen sollen.

## Die Ausgangsidee formulieren

Am Anfang eines Datenbankentwurfs steht meistens eine diffuse Idee, die klassischerweise mit dem Wort »Irgendwie . . . « beginnt. Für das Beispiel, das wir jetzt bearbeiten, heißt die Idee: »Irgendwie sollen von der Schreinerei zu unterschiedlichen Themen Newsletter verschickt werden, wobei die Kunden mehrere Newsletter abonnieren können, bei denen sie jeweils die Wahl haben zwischen einer kostenlosen und zwei kostenpflichtigen Versionen.«

Das klingt nach keiner besonders schwierigen Aufgabe – oder? Also hinein ins Vergnügen.

## Normalisierung vermeidet Arbeit und Fehler

Bei der so genannten Normalisierung werden Daten nach bestimmten Regeln in Tabellen zusammengefasst. Mithilfe der Regeln werden die Tabellen vereinfacht und in eine optimale Struktur gebracht.

### Ein erster Versuch

Um sich einen Überblick zu verschaffen, welche Kunden an welchen Themen interessiert sind, schreiben Sie also alles zunächst einmal in eine Tabelle).

| name | email | newsletter |
|------|-------|------------|
| Hans Dampf | h@dampf.de | Möbel (0 €), Holz (1 €) |
| Rita Seib | r.s@aol.com | Holz (1 €), Türen (1 €) |
| Bernd Loob | lo@t-online.de | Sägen (2 €) |
| Gabi Tesch | g@tesch.de | Möbel (0 €), Holz (1 €), Türen (1 €) |

Tabelle 6.1: Newsletter-Adressen – erster Versuch

Die Tabelle scheint auf den ersten Blick in sehr übersichtlicher und gut lesbarer Form alle wichtigen Informationen zu enthalten. Bei genauerer Betrachtung werden Sie aber feststellen, dass schon eine Sortierung nach dem Nachnamen nicht problemlos möglich ist.

 **Jede wichtige Information in eine eigene Spalte**

Jeder Information, nach der Sie sortieren oder suchen wollen, sollten Sie beim Entwurf der Datenbank eine eigene Spalte spendieren.

### Zweiter Versuch

In der folgenden Fassung ist zwar die spaltenweise Aufteilung berücksichtigt, aber besonders glücklich ist auch diese Lösung nicht.

| vorn | nachn | email | th1 | pr1 | th2 | pr2 | th3 | pr3 |
|------|-------|-------|-----|-----|-----|-----|-----|-----|
| Hans | Dampf | h@dampf.de | Möbel | 0 € | Holz | 1 € | | |
| Rita | Seib | r.s@aol.com | Holz | 1 € | Türen | 1 € | | |
| Bernd | Loob | lo@t-online.de | Sägen | 2 € | | | | |
| Gabi | Tesch | g@tesch.de | Möbel | 0 € | Holz | 1 € | Türen | 1 € |

Tabelle 6.2: Auch der zweite Versuch hat Nachteile

Wenn beispielsweise ein Kunde alle vier Newsletter abonniert, müssen Sie zwei weitere Spalten für Thema und Preis des Newsletters zur Tabelle hinzufügen. Sollten Sie sich dann irgendwann später entscheiden, einen weiteren Newsletter herauszugeben, können Sie das gleiche Spielchen noch einmal machen.

Auch die Auswertung der Tabelle würde sich schwierig gestalten. So müssten Sie gleich mehrere Spalten durchsuchen, um herauszufinden, wie viele Newsletter insgesamt abonniert wurden.

**Kapitel 6 – MySQL-Grundlagen**

### Erste Normalform

Als Zwischenschritt wurde in die Tabelle eine weitere Spalte thNr aufgenommen, in der die einzelnen Newsletter eines Kunden durchnummeriert sind. Jetzt müsste nur noch die Spalte thema ausgewertet werden, um die Gesamtzahl der Newsletter-Abonnements zu ermitteln.

Außerdem ist die Spalte id neu in der Tabelle. Hierbei handelt es sich um den so genannten Primärschlüssel, der als eindeutiges Kennzeichen für die in den einzelnen Zeilen enthaltenen Datensätze dient.

Damit entspricht die folgende Tabelle den Regeln, die für die so genannte erste Normalform aufgestellt wurden. Man sagt auch, dass die Tabelle jetzt in der ersten Normalform ist.

| id | vorname | nachname | email | thNr | thema | preis |
|----|---------|----------|-------|------|-------|-------|
| 1 | Hans | Dampf | h@dampf.de | 1 | Möbel | 0 € |
| 2 | Hans | Dampf | h@dampf.de | 2 | Holz | 1 € |
| 3 | Rita | Seib | r.s@aol.com | 1 | Holz | 1 € |
| 4 | Rita | Seib | r.s@aol.com | 2 | Türen | 1 € |
| 5 | Bernd | Loob | lo@t-online.de | 1 | Sägen | 2 € |
| 6 | Gabi | Tesch | g@tesch.de | 1 | Möbel | 0 € |
| 7 | Gabi | Tesch | g@tesch.de | 2 | Holz | 1 € |
| 8 | Gabi | Tesch | g@tesch.de | 3 | Türen | 1 € |

Tabelle 6.3: Tabelle in der ersten Normalform

Folgende Regeln müssen zutreffen, damit eine Tabelle in der ersten Normalform ist:

- Es dürfen keine Spalten mit gleichen Inhalten vorliegen (siehe Tabelle 6.2 auf der vorherigen Seite),

- die Werte in einer Spalte dürfen nicht weiter teilbar sein (siehe Tabelle 6.1 auf Seite 114) (man sagt auch, dass die Werte atomar sein müssen) und

■ die Tabelle darf keine doppelten Zeilen enthalten, was sich am einfachsten über einen eindeutigen Primärschlüssel umsetzen lässt.

Nachdem die Tabelle nun in der ersten Normalform ist, muss sie im nächsten Schritt soweit zerlegt werden, dass die resultierenden Tabellen der zweiten Normalform entsprechen.

Mit der Aufteilung der Tabelle soll erreicht werden, dass eine Information immer nur an einer Stelle gespeichert ist und nicht mehrmals eingetragen werden muss. In Tabelle 6.3 müssten Sie für jeden abonnierten Newsletter Vorname, Nachname und Mailadresse des Abonnenten aufnehmen. Nicht nur, dass Sie sich dabei nicht verschreiben dürften – stellen Sie sich einmal vor, Herr Dampf heiratet und heißt dann Dampf-Kessel. Dann müssten Sie den neuen Namen gleich an mehreren Stellen ändern.

### Noch nicht ganz die zweite Normalform

Allgemein ausgedrückt sollen Tabellen nach den Regeln der zweiten Normalform immer nur eine Gruppe zusammengehöriger Daten enthalten. Übersetzt in die Datenbanksprache heißt das, dass alle Nicht-Schlüssel-Spalten der Tabelle vollständig vom Primärschlüssel der Tabelle abhängen sollen.

Genau genommen handelt es sich bei den Daten, die wir bisher in einer Tabelle zusammengefasst haben, um zwei Gruppen. Auf der einen Seite stehen die Angaben zum Kunden, auf der anderen die zum Newsletter.

Um Tabelle 6.3 auf der vorherigen Seite aufzuteilen,

▶ 1 ersetzen Sie die Spalten vorname, nachname, email durch eine Kundennummer kdID.

▶ 2 Unter dieser kdID übertragen Sie die einzelnen Angaben dann in die neue Tabelle *kunden*.

In der Tabelle *kunden* ist die kdID der Primärschlüssel. Die in die Tabelle *newsletter* eingebundene kdID wird als Fremdschlüssel bezeichnet. Über diesen Fremdschlüssel wird die Verbindung zwischen beiden Tabellen hergestellt. Durch diesen Aufbau ist die vorhin behelfsmäßig eingefügte Spalte thNr in der Tabelle *newsletter* nicht mehr erforderlich und kann weggelassen werden.

Die Daten der Kunden lassen sich problemlos in einer Tabelle zusammenfassen, die der zweiten Normalform entspricht. Alle Spalten hängen hier von dem Primärschlüssel kdID ab.

| kdID | vorname | nachname | email |
|------|---------|----------|-------|
| 1 | Hans | Dampf | h@dampf.de |
| 2 | Rita | Seib | r.s@aol.com |
| 3 | Bernd | Loob | lo@t-online.de |
| 4 | Gabi | Tesch | g@tesch.de |

Tabelle 6.4: Tabelle *kunden* in der zweiten Normalform

| letterID | kdID | thema | preis |
|----------|------|-------|-------|
| 1 | 1 | Möbel | 0 € |
| 2 | 1 | Holz | 1 € |
| 3 | 2 | Holz | 1 € |
| 4 | 2 | Türen | 1 € |
| 5 | 3 | Sägen | 2 € |
| 6 | 4 | Möbel | 0 € |
| 7 | 4 | Holz | 1 € |
| 8 | 4 | Türen | 1 € |

Tabelle 6.5: Tabelle *newsletter* muss noch aufgeteilt werden

Schon an den vielen doppelten thema-Einträgen in der Tabelle *newsletter* sehen Sie, dass hier noch weiter aufgeteilt werden muss.

### Drei Tabellen in der zweiten Normalform

Die neue *newsletter*-Tabelle soll lediglich die Angaben zu den vier vorhandenen Newslettern enthalten (siehe Tabelle 6.6).

| newsID | thema | preis |
|--------|-------|-------|
| 1 | Möbel | 0 € |
| 2 | Holz | 1 € |
| 3 | Türen | 1 € |
| 4 | Sägen | 2 € |

Tabelle 6.6: Tabelle *newsletter* in der zweiten Normalform

Jetzt entspricht auch die Tabelle *newsletter* der zweiten Normalform. Die Verbindung zur Tabelle *kunden* wird über die neue Tabelle *kd_news* hergestellt, in die die Spalte kdID aus Tabelle 6.4 auf der vorherigen Seite übernommen wird. Den Einträgen in der Spalte kdID werden jetzt nicht (wie in Tabelle 6.5 auf der vorherigen Seite) thema und preis des entsprechenden Newsletters zugeordnet, sondern es wird stattdessen die newsID aus der neuen *newsletter*-Tabelle 6.6 übernommen.

| kdID | newsID |
|------|--------|
| 1 | 1 |
| 1 | 2 |
| 2 | 2 |
| 2 | 3 |
| 3 | 4 |
| 4 | 1 |
| 4 | 2 |
| 4 | 3 |

Tabelle 6.7: Verbindungstabelle *kd_news*

Eine extra Primärschlüssel-Spalte ist in der Tabelle *kd_news* nicht erforderlich, da die Kombination aus den beiden vorhandenen Spalten bereits eine eindeutige Kennzeichnung der Zeilen darstellt.

Tabelle *kd_news* dient nur als Verbindungstabelle. Sie enthält lediglich die beiden Fremdschlüssel kdID und newsID, über die die Verbindung zu den gleichnamigen Spalten der Tabellen *newsletter* und *kunden* hergestellt werden kann. Im folgenden Bild sehen Sie den aktuellen Stand des Datenbankentwurfs in einer schematischen Darstellung (siehe Abbildung 6.1 auf der nächsten Seite).

### Die dritte Normalform

Eine Tabelle, die die Regeln der ersten und zweiten Normalform erfüllt, entspricht nur dann auch der dritten Normalform, wenn alle Spalten, die nicht unmittelbar vom Primärschlüssel abhängen, in eine eigene Tabelle ausgelagert werden. Was bedeutet das für unser Beispiel?

Die Tabellen *kunden* und *kd_news* entsprechen bereits der dritten Normalform. Wenn Sie sich aber die *newsletter*-Tabelle 6.6 genauer anschauen, können Sie erkennen, dass die Einträge in der Spalte

**Kapitel 6 – MySQL-Grundlagen**

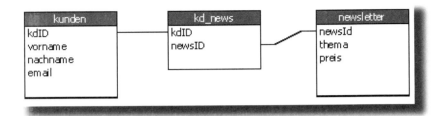

Abb. 6.1: Die Tabellen *kunden* und *newsletter* sind über die Tabelle *kd_news* verknüpft

preis nicht vom Primärschlüssel newsID, sondern vom Eintrag in der Spalte thema abhängig sind.

| preisID | preis |
|---------|-------|
| 1 | 0 € |
| 2 | 1 € |
| 3 | 2 € |

Tabelle 6.8: Tabelle *preisgruppen*

Beim Eintrag eines neuen Newsletters müssen Sie immer überlegen (beziehungsweise nachschlagen), was der Newsletter zum jeweiligen Thema kostet. Damit dabei keine Fehler passieren, empfiehlt es sich, den Preis nicht in der Tabelle *newsletter* zu erfassen, sondern in eine eigene Nachschlagetabelle *preisgruppen* auszulagern.

| newsID | thema | preisID |
|--------|-------|---------|
| 1 | Möbel | 1 |
| 2 | Holz | 2 |
| 3 | Türen | 2 |
| 4 | Sägen | 3 |

Tabelle 6.9: Tabelle *newsletter*

Statt der Preisangaben enthält die geänderte Tabelle *newsletter* jetzt nur noch die entsprechende preisID und ist damit in der dritten Normalform.

Wenn Sie sich vorstellen, dass es nicht nur vier, sondern neun Newsletter gibt, die jeweils einer der drei Preisgruppen entsprechen, wird der Vorteil der Aufteilung deutlicher (siehe Tabelle 6.10).

| newsID | thema | preisID |
|--------|-------|---------|
| 1 | Möbel | 1 |
| 2 | Holz | 2 |
| 3 | Türen | 2 |
| 4 | Sägen | 3 |
| 5 | Ausbildung | 1 |
| 6 | Lacke | 2 |
| 7 | Werkbänke | 3 |
| 8 | Fenster | 2 |
| 9 | Treppen | 2 |

Tabelle 6.10: Tabelle *newsletter* mit mehr Einträgen

Soll ein Preis geändert werden, müssen Sie die Änderung nur an einer Stelle in der Tabelle *preisgruppen* und nicht an mehreren Stellen in der *newsletter*-Tabelle 6.10 vornehmen.

Damit ist die Normalisierung abgeschlossen und der Datenbankentwurf hat jetzt folgenden schematischen Aufbau.

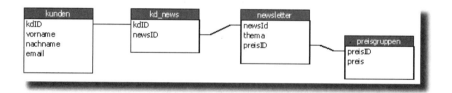

Abb. 6.2: Nach Abschluss der Normalisierung besteht der Datenbankentwurf aus vier Tabellen

## Normalisierung als Hilfsmittel und nicht als Zwangsjacke

In manchen Fällen kann es sinnvoll sein, Tabellen zu verwenden, die die Normalformen nicht vollständig erfüllen. Letztlich gilt es immer für den konkreten Fall abzuwägen.

- ▨ Datenbanken in Normalform lassen sich im Allgemeinen flexibler auswerten und benötigen weniger Speicherplatz.

- ▨ Die Auswertung ist im Allgemeinen umso langsamer, je mehr Tabellen berücksichtigt werden müssen. Auch das Erfassen von Daten ist bei mehreren Tabellen schwieriger.

Kapitel 6 – MySQL-Grundlagen

Sie könnten beispielsweise entscheiden, dass Sie auf die Auslagerung der Preise in die Tabelle *preisgruppen* verzichten und die *newsletter*-Tabelle 6.6 auf Seite 119 nutzen, auch wenn diese nicht der dritten Normalform entspricht.

## 6.2 Datenbankentwurf umsetzen

Nachdem der Entwurf der Datenbank abgeschlossen ist, soll er nun mithilfe von phpMyAdmin umgesetzt werden. Die Spalten der Tabellen werden in phpMyAdmin (und auch sonst häufig) als »Felder« bezeichnet.

### Tabellen mit phpMyAdmin anlegen

Um die vier neuen Tabellen in einer schon bestehenden Datenbank anzulegen, gehen Sie so vor, wie im Praxisbeispiel in Kapitel 3 beschrieben.

▶ 1    Öffnen Sie die bestehende Datenbank *schreinerei*,

▶ 2    geben Sie in den entsprechenden Eingabefeldern unter dem Punkt NEUE TABELLE IN DATENBANK SCHREINEREI ERSTELLEN den Namen der zu erstellenden Tabelle sowie die Anzahl der Felder an und bestätigen Sie mit OK.

▶ 3    Wählen Sie für die einzelnen Felder den Typ und nehmen Sie gegebenenfalls weitere Einstellungen vor

Nach dem SPEICHERN ist die Tabelle mit den gewählten Einstellungen in der Datenbank angelegt.

### Übliche Einstellungen für Schlüsselfelder

Handelt es sich bei einem Feld um den Primärschlüssel der Tabelle, markieren Sie beim Entwurf in phpMyAdmin den Punkt

Primärschlüssel und wählen im Normalfall als Typ int mit dem Zusatz auto_increment.

Ein Fremdschlüssel sollte den gleichen Datentyp haben wie der zugehörige Primärschlüssel, normalerweise also auch int, aber jetzt natürlich ohne den Zusatz auto_increment.

### Einstellungen für die vier neuen Tabellen

Im Folgenden sind die für die neuen Tabellen gewählten Einstellungen in tabellarischer Form zusammengefasst. Dabei sind nur die Angaben aufgeführt, die in phpMyAdmin eingetragen beziehungsweise geändert wurden.

| Feld | Typ | Länge | Extra | Primärschlüssel |
|------|-----|-------|-------|-----------------|
| | | **– Tabelle: *kunden* –** | | |
| kdID | int | | auto_increment | x |
| vorname | varchar | 50 | | |
| nachname | varchar | 70 | | |
| email | varchar | 70 | | |
| | | **– Tabelle: *kd_news* –** | | |
| kdID | int | | | |
| newsID | int | | | |
| | | **– Tabelle: *newsletter* –** | | |
| newsID | int | | auto_increment | x |
| thema | varchar | 70 | | |
| preisID | tinyint | | | |
| | | **– Tabelle: *preisgruppen* –** | | |
| preisID | tinyint | | auto_increment | x |
| preis | decimal | 5,2 | | |

Tabelle 6.11: Beim Erstellen der vier Tabellen in phpMyAdmin gemachte Angaben

Wenn Sie die Tabellen mit phpMyAdmin angelegt haben, werden Sie feststellen, dass dabei automatisch einige Ergänzungen aufgenommen wurden. So wurde beim Typ `int` die Länge 11 und beim Typ `tinyint` die Länge 4 hinzugefügt. Wenn Sie eine der Tabellen in phpMyAdmin anzeigen lassen, sehen Sie die Längenangaben in Klammern hinter dem jeweiligen Typ.

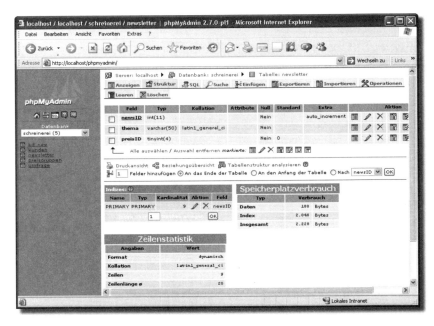

Abb. 6.3: Die Tabelle *newsletter* in phpMyAdmin

Im obigen Bild sehen Sie im unteren Teil unter INDIZES, dass für das Feld `newsID` ein Index vom Typ PRIMARY erstellt wurde. Beim Anlegen eines Feldes als Primärschlüssel wird dieser PRIMARY-Index von MySQL automatisch erstellt. Das Feld mit dem Primärschlüssel wird bei der Auswertung häufig durchsucht. Mit dem angelegten Index ist diese Suche schneller möglich als ohne.

Die bisher verwendeten Datentypen `int`, `tinyint`, `varchar` und `decimal` zählen zu den gebräuchlichsten. Im nächsten Abschnitt finden Sie eine kurze Erklärung zu diesen und anderen wichtigen Datentypen.

## MySQL-Datentypen richtig einsetzen

MySQL unterstützt eine ganze Reihe von Datentypen. Statt »Datentyp« werden teilweise auch die Bezeichnungen »Spaltentyp«, »Feldtyp« oder »Felddatentyp« benutzt. Es gibt Zeichenketten-Typen, numerische Typen und Datums- und Zeittypen. Die wichtigsten Datentypen dieser drei Kategorien sind in den folgenden Tabellen zusammengefasst.

### Zur Schreibweise

In der Beschreibung steht der Buchstabe M für die maximale Anzeigenbreite. Größter erlaubter Wert ist 255. Bei Fließkommatypen kann außerdem mit D die Zahl der Nachkommastellen angegeben werden, wobei D immer mindestens um 2 kleiner sein sollte als M. Angaben in eckigen Klammern können auch weggelassen werden.

### Zeichenketten-Typen

Neben den Typen zur Speicherung von Text wird auch der Typ BLOB zu den Zeichenketten-Typen gezählt. BLOB steht für »Binary Large Object« und umfasst beispielsweise Bilder oder Dokumente, also alles, was groß ist und nicht in andere Datentypen passt. Im Gegensatz zu den BLOB-Typen wird bei den TEXT-Typen bei der Sortierung keine Groß-/Kleinschreibung berücksichtigt.

| Datentyp | Beschreibung |
| --- | --- |
| CHAR(M) | Zeichenkette mit fester Länge. Es werden immer M Zeichen gespeichert. |
| VARCHAR(M) | Zeichenkette mit variabler Länge. Es werden nur so viele der M Zeichen gespeichert, wie tatsächlich benötigt. |

**Kapitel 6 – MySQL-Grundlagen**

| Datentyp | Beschreibung |
|---|---|
| TINYTEXT oder TINYBLOB | Zeichenkette oder BLOB mit maximal 255 Zeichen. Es werden immer 255 Zeichen gespeichert. |
| TEXT oder BLOB | Zeichenkette oder BLOB mit maximal 65535 Zeichen. |
| MEDIUMTEXT oder MEDIUMBLOB | Zeichenkette oder BLOB mit maximal ca. 16 Mio. Zeichen. |
| ENUM('wert1','wert2', ...) | Kann nur einen der angegebenen Auflistungswerte ('wert1', 'wert2', ...), NULL oder einen speziellen Fehlerwert ("") annehmen; maximal 65535 unterschiedliche Werte. |
| SET('wert1','wert2', ...) | Kann keinen oder mehrere Werte annehmen, die aber alle aus den Auflistungswerten ('wert1', 'wert2', ...), ausgewählt werden müssen. |

Tabelle 6.12: Zeichenketten-Typen

## Numerische Typen

Für die Aufnahme von ganzen Zahlen und Fließkommazahlen stehen mehrere Datentypen zur Verfügung. Beachten Sie, dass Fließkomma-zahlen mit dem Dezimalpunkt statt des Dezimalkommas angegeben werden müssen (also 23.87 statt 23,87).

Wenn Sie bei einem numerischen Datentyp zusätzlich das Attribut ZEROFILL angeben, werden die Ziffern links nicht wie üblich mit Leer-zeichen, sondern mit 0 aufgefüllt.

| Datentyp | Beschreibung |
|---|---|
| TINYINT[(M)] | Ganzzahlen von –128 bis 128 |
| TINYINT[(M)] UNSIGNED | Ganzzahlen von 0 bis 255 |
| SMALLINT[(M)] | Ganzzahlen von -32768 bis 32767 |
| SMALLINT[(M)] UNSIGNED | Ganzzahlen von 0 bis 65535 |
| MEDIUMINT[(M)] | Ganzzahlen von ca. -8 Mio. bis 8 Mio. |
| MEDIUMINT[(M)] UNSIGNED | Ganzzahlen von 0 bis ca. 16 Mio. |
| INT[(M)] | Ganzzahlen von ca. –2 Mrd. bis 2 Mrd. |
| INT[(M)]UNSIGNED | Ganzzahlen von 0 bis ca. 4 Mrd. |
| FLOAT(Genauigkeit) | Fließkommazahl-Schreibweise steht wegen der ODBC-Kompatibilität zur Verfügung |
| FLOAT[(M,D)] | Fließkommazahl mit einfacher Genauigkeit |
| DOUBLE[(M,D)] | Fließkommazahl mit doppelter Genauigkeit |
| DECIMAL[(M,D)] | Fließkommazahl, die als Zeichenkette gespeichert wird. Wegen der genauen Rundung für Währungsfelder geeignet. |

Tabelle 6.13: Numerische Typen

Kapitel 6 – MySQL-Grundlagen

127

### Datums- und Uhrzeit-Datentypen

Seit MySQL 5.03 gibt MySQL standardmäßig eine Warnung oder einen Fehler aus, wenn Sie versuchen, ein ungültiges Datum wie etwa '2006-11-31' einzutragen.

| Datentyp | Beschreibung |
|---|---|
| DATE | Datum in der Form '2004-12-31'. Zwischen '1000-01-01' und '9999-12-31'. |
| TIME | Zeit in der Form '23:59:59' |
| DATETIME | Kombination aus DATE und TIME in der Form '2004-12-31 23:59:59' |
| TIMESTAMP[(M)] | Die so genannte UNIX-Zeit. Sekunden seit dem 1.1.1979. Funktioniert bis 2037. Das Format ist '20041231235959'. |
| YEAR(2 \| 4) | Jahreszahlen von 1901 bis 2155 in der 4-stelligen Schreibweise. Bei 2 Stellen wird aus 00 - 69 2000 - 2069 und aus 70 - 99 wird 1970 - 1999. |

Tabelle 6.14: Datums- und Uhrzeit-Datentypen

# 7 SQL-Einführung

*Das lernen Sie in diesem Kapitel:*

■ *Für den Zugriff auf (MySQL-) Datenbanken wird die Abfragesprache SQL eingesetzt. Die in diesem Kapitel vorgestellten grundlegenden SQL-Befehle können Sie zum Ausprobieren direkt in phpMyAdmin eingeben.*

■ *Als Beispieldatenbank dient die von Ihnen angelegte Datenbank* schreinerei *mit den im letzten Kapitel hinzugefügten Tabellen zum Thema Newsletter und der bereits in Kapitel 3 erstellten Tabelle* umfrage.

*Aktuelle Infos und Downloads zu diesem Kapitel:*

■ *Geben Sie unter* www.comborn.de/mysql *folgende Info-Nr ein:* 07my582p.

Mit den SQL-Befehlen CREATE DATABASE und CREATE TABLE lassen sich Datenbanken und Tabellen erstellen. Sie können mit SQL aber auch vorhandene Daten auswerten, ändern oder löschen. Die wichtigsten Befehle hierzu sind SELECT, INSERT, UPDATE und DELETE.

## 7.1  Schreibweisen von SQL-Befehlen

Für die SQL-Schlüsselwörter wie SELECT etc. verwende ich hier im Buch Großbuchstaben; Tabellennamen etc. schreibe ich kursiv und klein. Dies soll nur zur besseren Lesbarkeit beitragen. Beim Erstellen von SQL-Befehlen sollten Sie Folgendes beachten:

- Die Art des SQL-Befehls wird durch das am Anfang stehende Verb (wie beispielsweise SELECT) bestimmt.

- Zeichenketten werden in einfache Anführungszeichen gesetzt. Auch doppelte Anführungszeichen sind erlaubt, haben aber den Nachteil, dass Sie diese als Sonderzeichen mit einem vorangestellten Backslash maskieren müssen (siehe Kapitel 5), wenn Sie die SELECT-Befehle in PHP als Zeichenkette zusammensetzen.

- Einige Wörter sind reserviert und dürfen nicht für Tabellen- oder Datenbanknamen verwendet werden. Hierzu zählen Schlüsselwörter wie SELECT etc. oder Bezeichnungen von Datentypen und Funktionen.

- Besteht der Tabellenname aus einem reservierten Wort oder sind in ihm Sonderzeichen oder Leerzeichen enthalten, muss der Tabellenname in »Accent grave«-Zeichen (`) eingeschlossen werden. Das »Accent grave«-Zeichen erreichen Sie bei gedrückter *ALT*-Taste über 96 auf dem Nummernblock. In phpMyAdmin werden Tabellennamen in SQL-Befehlen automatisch in »Accent grave«-Zeichen eingeschlossen.

- Für eine eindeutige Kennzeichnung kann dem Spaltennamen mit einem Punkt getrennt der Tabellenname vorangestellt werden, also beispielsweise umfrage.auswahl. Dies ist besonders dann wichtig, wenn sich der SQL-Befehl auf mehrere Tabellen bezieht.

- Es kann immer nur ein SQL-Befehl zur selben Zeit an MySQL übergeben werden. Im Gegensatz dazu ist es in phpMyAdmin möglich, mehrere durch Semikolon getrennte SQL-Befehle einzugeben. Bei der Übergabe an MySQL wird das Ende des Befehls hingegen nicht mit einem Semikolon gekennzeichnet.

- Einzeilige Kommentare können in SQL mit der Raute gekennzeichnet werden (# Kommentar). Mehrzeilige Kommentare müssen folgendermaßen eingeschlossen sein: /* Kommentar */.

## 7.2 SQL-Befehle in phpMyAdmin

In phpMyAdmin können Sie SQL-Befehle auf unterschiedliche Weise ausführen lassen.

- Sie können die Möglichkeiten nutzen, die phpMyAdmin bietet, um aus Ihren Eingaben automatisch einen SQL-Befehl zu erstellen und diesen auszuführen. Im letzten Kapitel haben Sie auf diese Weise die SQL-Befehle zum Erstellen der Tabellen erzeugt.

- Sie können einen SQL-Befehl auch direkt in das dafür vorgesehene Feld schreiben und ihn dann mit OK ausführen lassen. In Kapitel 3 haben Sie diese Möglichkeit zum Testen der richtigen SQL-Schreibweise genutzt.

- Wenn Sie sich nicht die Arbeit machen wollen, einen SQL-Befehl einzutippen, können Sie auch einen bestehenden SQL-Befehl importieren und ihn dann ausführen lassen. Wie das im Einzelnen funktioniert, zeige ich Ihnen in Abschnitt 7.5 auf Seite 135.

## 7.3 Datenbank und Tabellen anlegen

Die Schreibweise der Befehle zum Anlegen von Datenbanken und Tabellen spielt sicher nur eine untergeordnete Rolle. Wie ich schon erwähnt habe, werden Sie in den meisten Fällen nicht die Berechtigung haben, bei Ihrem Provider eine Datenbank anzulegen. Auch die SQL-Befehle zum Erstellen von Tabellen sind nicht so wichtig, da das im letzten Kapitel beschriebene Vorgehen in den meisten Fällen ausreicht und zudem wesentlich übersichtlicher ist als das Eintippen der dafür benötigten SQL-Befehle. Trotzdem beschreibe ich die entsprechenden SQL-Befehle im Folgenden kurz. Damit möchte ich Ihnen vor allem das nötige Hintergrundwissen für Nachbesserungen per Hand vermitteln.

### Datenbanken anlegen und löschen

Mit dem Befehl CREATE DATABASE [IF NOT EXISTS] datenbank erstellen Sie eine neue Datenbank mit dem angegebenen Namen. Wenn Sie nicht IF NOT EXISTS angeben, wird ein Fehler angezeigt, falls die Datenbank bereits existiert.

 **Seien Sie vorsichtig mit »DROP DATABASE«**

Sofern Sie die Berechtigung zum Löschen von Datenbanken haben, müssen Sie sehr vorsichtig mit dem Befehl DROP DATABASE [IF EXISTS] datenbank sein, da dieser die angegebene Datenbank einschließlich aller darin enthaltenen Tabellen löscht.

## Tabellen anlegen, kopieren und löschen

Zum Anlegen von Tabellen steht der CREATE TABLE-Befehl zur Verfügung.

```
CREATE [TEMPORARY] TABLE [IF NOT EXISTS] tabelle [(Spalten-und
Indexdefinitionen, ...)] [Tabellenoptionen] [SELECT-Befehl]
```

Geben Sie zum Ausprobieren folgenden Befehl in phpMyAdmin ein:

```
CREATE TABLE werkzeugkiste (werkzID INT NOT NULL AUTO_INCREMENT
PRIMARY KEY, werkzeug VARCHAR(50))
```

Damit wird die Tabelle *werkzeugkiste* mit einem Primärschlüssel werkzID und einer Spalte werkzeug erstellt. Die Tabelle ist noch leer.

Wenn Sie eine Tabelle gleich mit Werten füllen möchten, haben Sie die Möglichkeit, dies am Ende des CREATE TABLE-Befehls in einem SELECT-Befehl zu tun (mehr zum SELECT-Befehl im nächsten Abschnitt). Damit bietet sich eine einfache Möglichkeit, eine Tabellenkopie anzulegen. Im folgenden Beispiel wird von der Tabelle *umfrage* eine Kopie als *umfrage_kopie* erstellt.

```
CREATE TABLE umfrage_kopie SELECT * FROM umfrage
```

Beachten Sie aber, dass in der Kopie der Tabelle für den Primärschlüssel weder der Index noch die auto_increment-Einstellung übernommen werden.

Mit DROP TABLE [IF EXISTS] tabelle [, tabelle, ...] können eine oder mehrere Tabellen gelöscht werden. Die Angabe von IF EXISTS bewirkt, dass kein Fehler angezeigt wird, falls eine zu löschende Tabelle nicht existiert.

```
DROP TABLE umfrage_kopie
```

Wenn Sie obigen Befehl mit phpMySQL abschicken, wird die zuvor angelegte Tabellenkopie *umfrage_kopie* wieder gelöscht (siehe Abbildung auf der nächsten Seite).

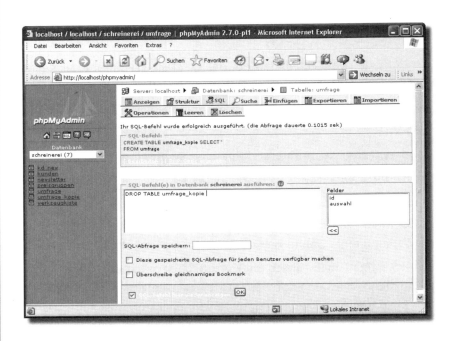

Abb. 7.1: Tabelle *umfrage_kopie* wird wieder gelöscht

## 7.4 Daten einfügen mit INSERT

Um Daten in eine Tabelle aufzunehmen, könnten Sie in phpMyAdmin neben der gewünschten Tabelle auf EINFÜGEN klicken und dann Datensatz für Datensatz in die Tabelle aufnehmen. Hierbei verwendet phpMySQL den SQL-Befehl INSERT INTO, den Sie natürlich auch direkt eingeben können.

```
INSERT INTO tabelle [(spalte1, spalte2, ...)] VALUES (wert1, wert2
, ...)
```

Schon in Kapitel 3 haben Sie den INSERT-Befehl für die Holzarten-Umfrage genutzt, um die in $holz gespeicherte Nummer des ausgewählten Holzes in der Spalte auswahl der Tabelle *umfrage* zu speichern.

```
INSERT INTO umfrage (auswahl) VALUES ($holz)
```

Sind im INSERT-Befehl keine Spalten angegeben, werden die Werte der Reihe nach in die vorhandenen Spalten eingetragen. In diesem Fall müssen aber auch die Werte für die auto_increment-Spalte angegeben werden. Zeichenketten müssen in (einfache) Anführungszeichen gesetzt werden.

```
INSERT INTO newsletter VALUES (1, 'Möbel', 1);
INSERT INTO newsletter VALUES (2, 'Holz', 2);
INSERT INTO newsletter VALUES (3, 'Türen', 1);
INSERT INTO newsletter VALUES (4, 'Sägen', 1);
```

Sollen mehrere Datensätze in eine Tabelle aufgenommen werden, bietet Ihnen phpMyAdmin die Möglichkeit, mehrere INSERT-Befehle durch Semikolon getrennt hintereinander zu schreiben. Bei der direkten Übergabe an MySQL besteht keine Möglichkeit, mehrere durch Semikolon getrennte Befehle gleichzeitig zu übergeben. Sie könnten für die Übergabe in PHP eine Schleife programmieren. Oder Sie verwenden die folgende Schreibweise, bei der in einem Befehl mehrere Datensätze erstellt werden.

```
INSERT INTO newsletter VALUES (1, 'Möbel', 1), (2, 'Holz', 2), (3,
'Türen', 1), (4, 'Sägen', 1)
```

## 7.5 SQL-Befehle speichern und laden

Sie haben in phpMyAdmin die Möglichkeit, in einer Datei gespeicherte SQL-Befehle ausführen zu lassen. Auf der anderen Seite unterstützt Sie phpMyAdmin beim Speichern von Struktur und Daten Ihrer Tabellen in Form von SQL-Befehlen in einer Datei.

### Struktur und Daten sichern

In phpMyAdmin können Sie Struktur und Daten der Tabellen sichern. Sie haben die Möglichkeit, entweder die Angaben für eine einzelne Tabelle zu speichern oder Struktur und Daten für mehrere Tabellen der Datenbank in einer Sicherungsdatei zusammenzufassen.

Kapitel 7 – SQL-Einführung

### Mehrere Tabellen sichern

Um die Angaben für alle oder mehrere Tabellen zu sichern, klicken Sie ganz oben auf DATENBANK: SCHREINEREI und dann oben auf EXPORTIEREN. Unter DUMP (SCHEMA) DER DATENBANK ANZEIGEN können Sie dann die gewünschten Tabellen auswählen und einstellen, ob STRUKTUR und DATEN oder nur eines von beiden gesichert werden soll. Mit dem Häkchen vor SENDEN stellen Sie ein, dass die SQL-Befehle als Datei gespeichert werden sollen.

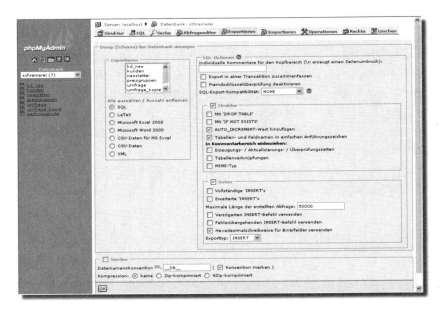

Abb. 7.2: Struktur und Daten der ausgewählten Tabellen werden gesichert

Nach Klick auf OK geben Sie den Speicherort für die Datei an.

### Eine einzelne Tabelle sichern

Sollen Struktur und Daten nur für eine Tabelle gesichert werden, können Sie als ersten Schritt im Navigationsbereich statt der Datenbank direkt die Tabelle auswählen.

### Was wird gespeichert?

Wenn Sie in dieser Form mit phpMyAdmin Sicherungsdateien erstellen, wird dabei die Struktur in einem CREATE-Befehl festgehalten, und zum Speichern der Daten wird für jeden Datensatz ein INSERT-Befehl erzeugt. Sie können sich das Ergebnis anschauen, indem Sie eine von Ihnen erstellte Sicherungsdatei in einem Editor öffnen.

### SQL-Datei selbst erstellen

Eine bestehende Sicherungsdatei können Sie in einem Editor Ihren Wünschen anpassen, oder Sie erstellen selbst eine entsprechende SQL-Datei.

```
DROP TABLE IF EXISTS werkzeugkiste;
CREATE TABLE werkzeugkiste (werkzID INT NOT NULL AUTO_INCREMENT
PRIMARY KEY, werkzeug VARCHAR(50));
INSERT INTO werkzeugkiste (werkzeug) VALUES ('Fuchsschwanz'),
('Gratsäge'), ('Schrupphobel'), ('Putzhobel'), ('Ziehmesser'),
('Stechbeitel');
```

Mit den drei oben stehenden SQL-Befehlen löschen Sie eine gegebenenfalls vorhandene Tabelle *werkzeugkiste* und erstellen sie wieder neu. Danach werden die fünf angegebenen Einträge zur Spalte werkzeug hinzugefügt.

## SQL-Datei importieren

Um die in einer Datei gespeicherten SQL-Befehle auszuführen, klicken Sie oben auf IMPORTIEREN. Unten klicken Sie dann auf DURCHSUCHEN und wählen die gewünschte Datei aus.

Wichtig ist, dass Sie beim Importieren dieselbe Zeichencodierung wählen, mit der die SQL-Datei erstellt wurde. Mittlerweile ist utf8 Standard. Ältere SQL-Dateien sind hingegen meist mit latin1 gespeichert. Sollte es also beim Einlesen mit utf8 Probleme geben, verwenden Sie latin1.

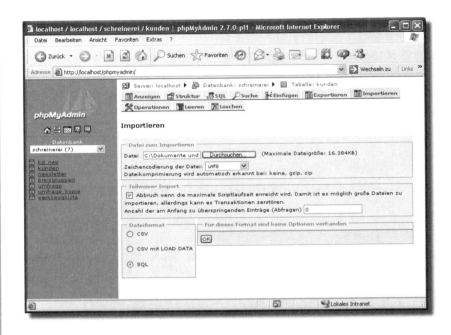

Abb. 7.3: SQL-Datei importieren

Nach Klick auf OK werden alle in der Datei aufgelisteten und durch
Semikolon getrennten SQL-Befehle von phpMyAdmin nacheinander
an MySQL übergeben. Sollte ein Fehler auftreten, wird die Ausführung
abgebrochen und eine Fehlermeldung erscheint.

Im Prinzip können Sie mithilfe einer SQL-Datei auch bei Ihrem Provider Struktur und Daten neuer Tabellen aufspielen. Da viele Provider
aber eine Begrenzung für derartige Übertragungen festgelegt haben,
müssen Sie bei vielen, sehr großen Tabellen eventuell eine Aufteilung
vornehmen.

**Schreibarbeit sparen mit gespeicherten SQL-Befehlen**

Auf *www.comborn.de/mysql* finden Sie nach Eingabe der Info-Nr 07my582p mehrere Dateien, mit denen Sie auf die beschriebene Weise bereits gefüllte Tabellen erstellen können. Die Tabellen können Sie dann im nächsten Abschnitt zum Ausprobieren von SELECT-Abfragen verwenden. Mit *werkzeug.sql* wird die gefüllte Tabelle *werkzeugkasten* erstellt. Mit *newsletter_komplett.sql* werden die vier Tabellen aus dem Newsletter-Beispiel aus Kapitel 6 angelegt und gefüllt. Beachten Sie, dass dabei bereits von Ihnen angelegte Tabellen gleichen Namens samt Inhalt gelöscht werden.

## 7.6 Abfragen mit SELECT

Mit SQL lassen sich wie gesagt viele Fragen beantworten. Eine solche Frage, die sich in Form eines SQL-Befehls an eine oder mehrere Tabellen einer (MySQL-)Datenbank richtet, wird als Abfrage bezeichnet. Wenn eine Abfrage ein Ergebnis liefert, lässt sich dieses wiederum in Form einer Tabelle anzeigen.

Der SELECT-Befehl kann in unterschiedlicher Form angegeben werden.

```
SELECT spalte, ... Ausdruck, ...
[FROM tabelle, ...] [WHERE Vergleichsausdruck]
[GROUP BY spalte [ASC | DESC], ...]
[ORDER BY spalte [ASC | DESC], ...]
[LIMIT [offset,] zeilen]
```

Die im obigen Ausdruck zusammengefassten Schreibweisen werden in den nächsten Abschnitten anhand von Beispielen vorgestellt. Bitte beachten Sie die Reihenfolge der angegebenen Ausdrücke.

## Abfragen aus einer Tabelle

Manchmal müssen nur Daten aus einer einzigen Tabelle ausgewertet werden.

```
SELECT * FROM werkzeugkiste
```

Damit gibt die Abfrage alle Datensätze der Tabelle zurück, wobei mit dem Sternchen angegeben wird, dass alle Spalten der Tabelle berücksichtigt werden sollen.

SELECT kann auch ohne FROM verwendet werden, um den Wert von Funktionen zurückzugeben. Mit SELECT NOW() wird beispielsweise die aktuelle Zeit ausgegeben.

### Zeilenanzahl ermitteln

Um zu erfahren, wie viele Datensätze (also Zeilen) eine Tabelle enthält, erweitern Sie SELECT um die COUNT-Funktion.

```
SELECT COUNT (*) FROM newsletter
```

Das Ergebnis sollte 9 lauten, wenn Sie die Datei *newsletter_komplett.sql*, wie auf Seite 139 beschrieben, zum Aufspielen von Struktur und Daten der vier Tabellen des Newsletter-Beispiels genutzt haben. In Kapitel 3 haben Sie bereits die Möglichkeit zur Vergabe einer Bezeichnung für die Ergebnisspalte mit AS kennen gelernt.

```
SELECT COUNT (*) AS gesamt FROM umfrage
```

### Nur einzelne Spalten auswählen

Insbesondere dann, wenn eine Abfrage viele Datensätze als Ergebnis liefert, sollten Sie nicht das Sternchen verwenden, sondern nur die benötigten Spalten aufführen. Auf diese Weise kann die Abfrage schneller verarbeitet werden (siehe Abbildung auf der nächsten Seite).

```
SELECT nachname, email FROM kunden
```

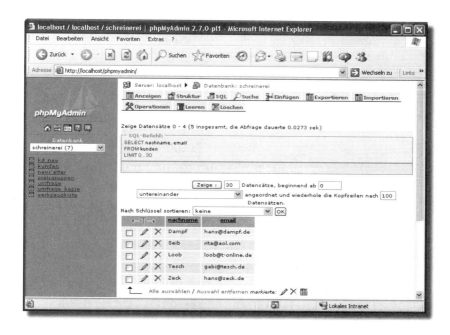

Abb. 7.4: Nur zwei Spalten der Tabelle werden im Ergebnis angezeigt

## Mit LIMIT Zahl der Ergebnisdatensätze beschränken

Soll nur ein Teil der Datensätze des Abfrageergebnisses angezeigt werden, können Sie diese Beschränkung mit LIMIT definieren. Durch folgende Erweiterung des letzten SQL-Befehls werden nur zwei statt vorher vier Datensätze als Ergebnis angezeigt.

```
SELECT nachname, email FROM kunden LIMIT 2
```

Mit folgender Variante werden die nächsten zwei Zeilen angezeigt. Mit der ersten Ziffer wird angegeben, mit welcher Zeile begonnen werden soll, wobei die Zählung bei der ersten Zeile mit 0 beginnt.

```
SELECT nachname, email FROM kunden LIMIT 2,2
```

In phpMyAdmin wird automatisch an die SQL-Befehle der Ausdruck LIMIT 0,30 angehängt. Da die erste Zeile mit 0 gezählt wird, werden so die ersten 30 Zeilen angezeigt.

## Mit WHERE Bedingungen definieren

Wenn nur die Datensätze ausgegeben werden sollen, die einer bestimmten Bedingung entsprechen, kann diese mit WHERE festgelegt werden.

```
SELECT thema, preisID FROM newsletter WHERE preisID = 1
```

| thema | preisID |
|---|---|
| Möbel | 1 |
| Ausbildung | 1 |

Abb. 7.5: Alle Newsletter mit der Preisgruppe 1

Das obige Beispiel zeigt alle Newsletter der Preisgruppe 1.

Im nächsten Beispiel werden alle Hobel aus der Werkzeugkiste herausgesucht. Beachten Sie, dass dabei das %-Zeichen als Platzhalter für beliebig viele Zeichen eingesetzt wird. Für genau ein Zeichen ist der Unterstrich ( _ ) der Platzhalter. Bei großen Tabellen sind LIKE-Vergleiche allerdings sehr langsam.

```
SELECT werkzeug FROM werkzeugkiste WHERE werkzeug LIKE '%hobel%'
```

Soll mit mehreren Werten verglichen werden, lässt sich das am besten mit IN durchführen.

```
SELECT newsID, thema FROM newsletter WHERE thema IN
('Holz', 'Möbel', 'Treppen')
```

## Mit GROUP BY gruppieren

Bereits für die Umfrage in Kapitel 3 haben Sie die Gruppiermöglichkeit von SQL genutzt. Dabei ging es darum, die je Holzart abgegebenen Stimmen zusammenzufassen.

```
SELECT auswahl, COUNT(*) AS gesamt FROM umfrage GROUP BY auswahl
```

Interessant wird die Gruppierung durch die Funktion COUNT(), mit der die Elemente der jeweiligen Gruppen zusammengezählt werden. Im folgenden Beispiel wird nach demselben Prinzip ermittelt, wie oft die einzelnen Newsletter abonniert wurden (siehe Abbildung auf der nächsten Seite.

```
SELECT newsID, COUNT(*) AS anzahl FROM kd_new GROUP BY newsID
```

| newsID | anzahl |
|--------|--------|
| 1 | 2 |
| 2 | 3 |
| 3 | 2 |
| 4 | 1 |

Sie können zwar für das Feld, nach dem gruppiert wurde, mit DESC direkt eine absteigende Sortierung vereinbaren, was aber bei den beiden obigen Beispielen nicht weiterhilft, da nach dem Summenfeld sortiert werden soll.

Abb. 7.6: Anzahl der Abonnements

### Mit ORDER BY sortieren

In Kapitel 3 haben Sie die gruppierten Umfrageergebnisse folgendermaßen mit DESC absteigend sortiert:

```
SELECT auswahl, COUNT(*) AS gesamt FROM umfrage GROUP BY auswahl
ORDER BY gesamt DESC
```

Eine aufsteigende Sortierung (ASC) muss als Normalfall nicht extra angegeben werden. Entsprechend kann im Newsletter-Beispiel absteigend sortiert werden.

```
SELECT newsID, COUNT(*) AS anzahl FROM kd_new GROUP BY newsID
ORDER BY anzahl DESC
```

Ob Sie bei COUNT das Sternchen oder ein Feld angeben, macht hier keinen Unterschied.

### Zwei Tabellen abfragen

Bei einer Abfrage, die mehrere Tabellen einbezieht, können die Tabellennamen direkt nach dem Schlüsselwort FROM hintereinander mit Komma getrennt aufgeführt werden.

In der WHERE-Bedingung müssen dann im Normalfall die Werte des Primärschlüssels der einen Tabelle mit denen des Fremdschlüssels in der anderen Tabelle gleichgesetzt werden. Damit wird die Verbindung zwischen den Tabellen hergestellt, so wie sie beim Entwurf der Datenbank geplant wurde (siehe Kapitel 6).

```
SELECT thema, preis FROM newsletter, preisgruppen WHERE
newsletter.preisID = preisgruppen.preisID
```

Im obigen Beispiel werden die Themen der Newsletter mit Preisen aufgelistet. Direkt nach dem Tabellennamen können Sie durch ein Leerzeichen getrennt einen kurzen Aliasnamen angeben. Damit sparen Sie etwas Tipparbeit.

```
SELECT thema, preis FROM newsletter nl, preisgruppen pg WHERE nl.
preisID = pg.preisID
```

### INNER JOIN

Eine andere Möglichkeit, zum selben Ergebnis zu gelangen, ist statt des Kommas zwischen den Tabellennamen den Ausdruck INNER JOIN einzufügen und danach die Bedingung mit ON statt WHERE zu ergänzen.

```
SELECT thema, preis FROM newsletter nl INNER JOIN preisgruppen pg
 ON nl.preisID = pg.preisID
```

Bei INNER JOIN wird die Verbindung nur zwischen den Datensätzen zweier Tabellen hergestellt, die übereinstimmen. Wenn Sie für die Fremdschlüssel und Primärschlüssel der Tabellen die gleichen Bezeichnungen gewählt haben, können Sie auch die folgende Variante mit USING nutzen.

```
SELECT thema, preis FROM newsletter INNER JOIN preisgruppen USING
(preisID)
```

Im folgenden Beispiel sollen die Kunden aus der Tabelle *kunden* angezeigt werden sowie die Nummern der Newsletter, die sie abonniert haben.

```
SELECT nachname, newsID FROM kunden INNER JOIN kd_new USING (kdID)
```

Im nächsten Schritt soll je Kunde die Anzahl der abonnierten Newsletter ausgegeben werden (siehe Abbildung 7.7).

```
SELECT nachname, COUNT(newsID) AS anzahl FROM kunden kd INNER JOIN
kd_new ne USING (kdID) GROUP BY nachname
```

| nachname | anzahl |
|----------|--------|
| Dampf | 2 |
| Loob | 1 |
| Seib | 2 |
| Tesch | 3 |

Abb. 7.7: Anzahl der Newsletter-Abonnements

Spätestens jetzt fällt auf, dass kein Kunde mit 0 abonnierten Newslettern aufgelistet ist. Auch wenn Sie einen Hans Zeck neu zur Tabelle *kunden* hinzufügen, der bisher noch keine Newsletter abonniert hat, wird dieser nicht aufgeführt. Mit INNER JOIN werden nur die Kunden ermittelt, deren kdID einer kdID in der Tabelle *kd_new* entspricht. Hat ein Kunde noch keinen Newsletter bestellt, ist seine kdID nicht in der Tabelle *kd_new* eingetragen und kann folglich auch nicht gefunden werden.

LEFT JOIN

Um auch die Kunden anzuzeigen, die noch keinen Newsletter bestellt haben, müssen Sie LEFT JOIN statt INNER JOIN verwenden. Bei LEFT JOIN werden alle Datensätze der zuerst aufgeführten Tabelle angezeigt. Es ist also wichtig, welche Tabelle Sie als erste eintragen! Im aktuellen Beispiel muss hier natürlich die Tabelle *kunden* stehen.

```
SELECT nachname, COUNT(newsID) AS anzahl FROM kunden kd LEFT JOIN
kd_new ne USING (kdID) GROUP BY nachname
```

Wenn Sie am Ende ORDER BY anzahl DESC ergänzen, werden die Kunden mit den meisten Newslettern zuerst und Herr Zeck zuletzt angezeigt.

Gehen Sie noch einmal einen Schritt zurück und lassen Sie sich alles ohne Gruppierung anzeigen mit:

```
SELECT nachname, newsID, ne.kdID FROM kunden kd LEFT JOIN kd_new
ne USING (kdID)
```

Kapitel 7 – SQL-Einführung

An diesem SQL-Befehl sehen Sie übrigens, dass der erst am Ende vergebene Aliasname ne für die Tabelle kd_new sich bereits am Anfang des SQL-Befehls verwenden lässt. Als Ergebnis des SQL-Befehls zeigt die folgende Abbildung, dass für Herrn Zeck für beide Felder der Tabelle *kd_news*NULL eingetragen wurde.

| nachname | newsID | kdID |
|----------|--------|------|
| Dampf | 1 | 1 |
| Dampf | 2 | 1 |
| Seib | 2 | 2 |
| Seib | 3 | 2 |
| Loob | 4 | 3 |
| Tesch | 1 | 4 |
| Tesch | 2 | 4 |
| Tesch | 3 | 4 |
| Zeck | *NULL* | *NULL* |

Zum einen können Sie feststellen, dass die Berechnung der Anzahl bei der Gruppierung trotzdem richtigerweise 0 ergeben hat. Zum anderen bietet der Eintrag NULL eine einfache Möglichkeit, nur diejenigen Kunden anzeigen zu lassen, die noch keinen Newsletter abonniert haben.

Abb. 7.8: Herr Zeck hat keinen Newsletter abonniert

```
SELECT nachname, newsID, ne.kdID FROM kunden kd LEFT JOIN kd_new
ne USING (kdID) WHERE ne.kdID IS NULL
```

## Mehr als zwei Tabellen abfragen

Das oben vorgestellte Prinzip bleibt auch bei mehreren Tabellen gleich. Nehmen wir an, Sie wollen eine Liste aller Newsletter erstellen, die sowohl Thema und Preis des jeweiligen Newsletters als auch die Namen der Kunden, die den Newsletter abonniert haben, umfasst.

Dazu müssen Sie die passenden Primär- und Fremdschlüssel der vier Tabellen jeweils mit INNER JOIN verbinden. Zwar wird aus der Tabelle *kd_news* kein Feld angezeigt, trotzdem muss sie aufgenommen werden, um zwischen den Tabellen *newsletter* und *kunden* eine Verbindung herzustellen. Dies wird deutlich, wenn Sie sich noch einmal das Bild 6.2 auf Seite 121 aus dem letzten Kapitel anschauen.

```
SELECT nachname, thema, preis
FROM kunden
INNER JOIN kd_new USING (kdID)
INNER JOIN newsletter USING (newsID)
INNER JOIN preisgruppen USING (preisID)
```

| nachname | thema | preis |
|----------|-------|-------|
| Dampf | Möbel | 0.00 |
| Dampf | Holz | 1.00 |
| Seib | Holz | 1.00 |
| Seib | Türen | 1.00 |
| Loob | Sägen | 2.00 |
| Tesch | Möbel | 0.00 |
| Tesch | Holz | 1.00 |
| Tesch | Türen | 1.00 |

Abb. 7.9: Die von den einzelnen Kunden abonnierten Newsletter samt Preis

Ähnlich wie COUNT können Sie bei einer Gruppierung die Funktion SUM() einsetzen, um statt der Anzahl die Summe der Feldinhalte einer Gruppe zu ermitteln. Auf diese Weise soll jetzt herausgefunden werden, wie viel die einzelnen Kunden insgesamt für die von ihnen abonnierten Newsletter bezahlen. Das Thema der Newsletter spielt hierfür keine Rolle und kann wegfallen. Jetzt geht es nur um den Namen des Kunden und den Preis, den er insgesamt bezahlt.

```
SELECT nachname, preis
FROM kunden kd
INNER JOIN kd_new USING (kdID)
INNER JOIN newsletter USING (newsID)
INNER JOIN preisgruppen USING (preisID)
```

Zunächst wird mit GROUP BY kd.kdID eine Gruppierung je Kunde erzeugt. Sie sollten auf jeden Fall die kdID zum Gruppieren verwen-

den, da es ja mehrere Kunden mit dem gleichen Nachnamen geben könnte, deren Abonnements dann alle zusammengerechnet
würden. Statt preis nehmen Sie dann SUM(preis) AS gesamtpreis auf.
Mit ORDER BY gesamtpreis DESC sorgen Sie am Ende für die absteigende Sortierung der Ergebnisse. Wenn Sie dann noch mit Count(*) AS
newsletteranzahl die Zahl der jeweils abonnierten Newsletter ergänzen und hierfür als Untersortierung am Ende newsletteranzahl DESC
hinzufügen, ergibt sich folgender SELECT-Befehl:

```
SELECT nachname, SUM(preis) AS gesamtpreis,
COUNT(*) AS newsletteranzahl
FROM kunden kd
INNER JOIN kd_new USING (kdID)
INNER JOIN newsletter USING (newsID)
INNER JOIN preisgruppen USING (preisID)
GROUP BY kd.kdID
ORDER BY gesamtpreis DESC,
newsletteranzahl DESC
```

| nachname | gesamtpreis | newsletteranzahl |
|---|---|---|
| Tesch | 2.00 | 3 |
| Seib | 2.00 | 2 |
| Loob | 2.00 | 1 |
| Dampf | 1.00 | 2 |

Abb. 7.10: Gesamtpreis für die je Kunde abonnierten Newsletter

Wie Sie sehen, erhält Frau Tesch für 2 Euro die meisten Newsletter!
Der Abbildung 7.9 auf der vorherigen Seite können Sie entnehmen,
dass sie einen kostenlosen und zwei Newsletter zu je einem Euro
abonniert hat.

## 7.7 Daten aktualisieren mit UPDATE

Einzelne Felder eines bereits vorhandenen Datensatzes ändern Sie mit UPDATE.

```
UPDATE tabelle SET spalte1=Wert1 [,spalte2=Wert2, ...] [WHERE
spaltenID=n]
```

Über den in der WHERE-Bedingung festgelegten ID-Wert suchen Sie den gewünschten Datensatz heraus und weisen dann im SET-Teil den einzelnen Spalteneinträgen die neuen Werte zu. Mit folgendem SQL-Befehl wird dem Kunden mit der kdID 1 ein neuer Name gegeben.

```
UPDATE kunden SET nachname='Dampf-Kessel' WHERE kdID=1
```

Wenn Sie UPDATE ohne WHERE-Bedingung verwenden, sind alle Daten-sätze von der Änderung betroffen. Mit UPDATE kunden SET nachname= 'Dampf-Kessel' würden Sie für alle Kunden den gleichen Nachnamen eintragen.

## 7.8 Daten löschen mit DELETE

Bei DELETE werden alle durch WHERE ausgewählten Datensätze der angegebenen Tabelle gelöscht.

```
DELETE FROM kunden WHERE kdID=5
```

Es ist immer der ganze Datensatz, das heißt die ganze Zeile von der Löschung betroffen.

**»DELETE« ohne »WHERE« löscht alle Datensätze der Tabelle**

Wenn Sie DELETE ohne WHERE-Bedingung verwenden, werden alle Datensätze der angegebenen Tabelle gelöscht! Seien Sie also äußerst vorsichtig! Wenn Sie die Tabelle selbst löschen möchten, verwenden Sie den SQL-Befehl DROP TABLE.

# 7.9 Funktionen für SELECT und WHERE

In SELECT-Befehlen und WHERE-Bedingungen können Sie eine Vielzahl von Funktionen nutzen. Die Funktionen COUNT() und SUM() zum Ermitteln der Anzahl beziehungsweise Summe haben Sie schon kennen gelernt. Diese und weitere wichtige Funktionen sind in den folgenden tabellarischen Übersichten zusammengefasst.

## Zwei einleitende Beispiele

Damit Sie sich besser vorstellen können, wie Sie die Funktionen nutzen können, gebe ich Ihnen zu Beginn zwei praktische Beispiele. Weitere Anwendungsmöglichkeiten finden Sie in den Praxiskapiteln.

### Zeichenketten mit CONCAT verbinden

Mit CONCAT können Sie mehrere Zeichenketten verbinden (siehe Abbildung 7.11 auf der nächsten Seite).

```
SELECT CONCAT(vorname, ' ', nachname) AS vollername FROM kunden
```

### Datum und Uhrzeit formatieren

Mit der Funktion NOW() wird die aktuelle Zeit ausgegeben. Um das dabei verwendete Format in die deutsche Schreibweise zu übertragen, wird im folgenden Beispiel die Funktion DATE_FORMAT() genutzt (siehe Abbildung 7.12).

```
SELECT DATE_FORMAT(NOW(),   '%d.%m.%Y  %H:%i Uhr') AS jetzt
```

**jetzt**

24.12.2008  12:00 Uhr

Abb. 7.11: Zusammensetzen von Vor- und Nachnamen

Abb. 7.12: Datum und Uhrzeit formatiert

## Funktionen für Zeichenketten

Mit den folgenden Funktionen können Sie die Bearbeitung von Zeichenketten direkt mit SQL-Befehlen ausführen.

| Funktion | Beschreibung |
| --- | --- |
| CONCAT(s1, s2, s3 ...) | Verbindet die angegebenen Zeichenketten. |
| CONCAT_WS(x, s1, s2 ...) | Wie CONCAT, aber hier wird zwischen die Zeichenketten jeweils x eingefügt. |
| LEFT(s, n) | Gibt die ersten n Zeichen von s aus. |
| LENGTH(s) | Gibt die Anzahl der Zeichen in s aus. |
| LOWER(s) | Wandelt alle Zeichen von s in Kleinbuchstaben um. |

| Funktion | Beschreibung |
|---|---|
| LTRIM(s) | Entfernt Leerzeichen am Anfang von s. |
| MID(s, pos, len) | Liest ab der Position pos len Zeichen aus s. |
| REPLACE(s, fnd, rpl) | Ersetzt in s alle Fundstellen von fnd durch rpl. |
| REVERSE(s) | Kehrt die Reihenfolge der Zeichen von s um. |
| RIGHT(s, n) | Gibt die letzten n Zeichen von s aus. |
| RTRIM(s) | Entfernt Leerzeichen am Ende von s. |
| TRIM(s) | Entfernt Leerzeichen am Anfang und Ende von s. |
| UPPER(s) | Wandelt alle Zeichen von s in Großbuchstaben um. |

Tabelle 7.1: Funktionen für Zeichenketten

## Funktionen für Datum und Uhrzeit

MySQL unterstützt viele Datums- und Zeitfunktionen und vereinfacht so die Kalenderrechnung.

| Funktion | Beschreibung |
|---|---|
| DATE_ADD(date, INTERVAL n i) | Addiert zum Ausgangsdatum n-mal das Interval i, das u. a. als SECOND, MINUTE, HOUR, DAY, MONTH oder YEAR angegeben werden kann. |
| DATE_FORMAT(d, form) | Formatiert d wie mit form angegeben. |
| DATE_SUB(date, INTERVAL n i) | Wie DATE_ADD, nur mit Subtraktion vom Ausgangsdatum. |
| EXTRACT(i FROM date) | Gibt eine Zahl für das mit i gewählte Intervall, das wie bei DATE_ADD angegeben werden kann. |
| NOW() | Gibt die aktuelle Zeit aus in der Form 2004-12-31 23:59:59. |
| UNIX_TIMESTAMP(dat) | Gibt die UNIX-Timestamp-Nummer zum angegebenen Datum wieder. |
| FROM_UNIXTIME(tn, form) | Wandelt die UNIX-Timestamp-Nummer tn in ein Datum um. Formatierung wie bei DATE_FORMAT. |

Tabelle 7.2: Funktionen für Datum und Uhrzeit

## Weitere Funktionen

Einige mathematische Funktionen, die Gruppierungsfunktionen SUM()
und COUNT() sowie einige administrative Funktionen schließen diesen
Überblick ab.

| Funktion | Beschreibung |
| --- | --- |
| ABS(x) | Gibt den absoluten Betrag der Zahl x an. |
| CEILING(x) | Rundet zur nächstgrößeren Ganzzahl auf. |
| RAND() | Liefert eine Zufallszahl zwischen 0.0 und 1.0 |
| ROUND(x, y) | Rundet die Zahl x auf y Nachkommastellen. |
| ISNULL(x) | Gibt 1 aus, wenn x IS NULL zutrifft; sonst 0. |
| COUNT(ausdr) | Anzahl von ausdr |
| SUM(ausdr) | Summe von ausdr |
| BENCHMARK(n, ausdr) | Führt ausdr n-mal aus und misst die erforderliche Zeit. |
| LAST_INSERT_ID() | Gibt die auto_increment-Nummer zurück, die während der aktuellen Verbindung zur Datenbank zuletzt erzeugt wurde. |
| VERSION() | Gibt die MySQL-Versionsnummer zurück. |

Tabelle 7.3: Weitere Funktionen

## 7.10 Views (Sichten)

Ab Version 5 unterstützt MySQL so genannte Views (Sichten). Einen View können Sie sich als einen auf dem MySQL-Server gespeicherten SQL-Befehl vorstellen. Wenn Sie einen komplexen SELECT-Befehl als View speichern, lässt er sich über den von Ihnen festgelegten Namen des Views sehr einfach wieder aufrufen. Folgendermaßen speichern Sie den auf Seite 140 vorgestellten SQL-Befehl als View:

```
CREATE VIEW email_liste AS
  SELECT nachname, email FROM kunden
```

Wenn Sie den obigen CREATE VIEW-Befehl in phpMyAdmin ausführen, erscheint damit der Eintrag *email_liste* im Navigationsbereich bei den Tabellen. Ihm ist ein etwas anderes Symbol vorangestellt, dass es leichter macht, einen View von einer Tabelle zu unterscheiden. Um den View in phpMyAdmin auszuführen, klicken Sie auf das Symbol vor dem Eintrag. Alternativ verwenden Sie den SELECT-Befehl SELECT * FROM email_liste.

Nach demselben Prinzip können Sie auch wesentlich komplexere SELECT-Befehle als View speichern. Dazu legen Sie nach CREATE VIEW den Namen des Views fest und ergänzen nach AS den SELECT-Befehl. Für den SQL-Befehl von Seite 147 würde das wie folgt aussehen:

```
CREATE VIEW name_view AS
SELECT nachname, SUM(preis) AS gesamtpreis,
COUNT(*) AS newsletteranzahl
FROM kunden kd
INNER JOIN kd_new USING (kdID)
INNER JOIN newsletter USING (newsID)
INNER JOIN preisgruppen USING (preisID)
GROUP BY kd.kdID
ORDER BY gesamtpreis DESC,
newsletteranzahl DESC
```

Um einen View zu löschen, verwenden Sie den Befehl DROP VIEW, gefolgt vom Namen des Views.

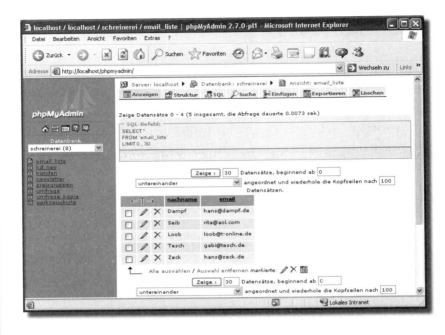

Abb. 7.13: Einen View in phpMyAdmin ausführen

# 8 MySQL-Zugriff mit PHP-Klasse

*Das lernen Sie in diesem Kapitel:*

■   *Wie Sie den Datenbankzugriff in eine Datei auslagern, haben Sie schon in Kapitel 3 erfahren. Jetzt zeige ich Ihnen, wie Sie mit der Definition einer Klasse die Möglichkeiten noch weiter ausbauen und verfeinern. Als Ergebnis erhalten Sie dabei eine Sammlung immer wieder verwertbarer Funktionen, die Sie ganz einfach in Ihre Skripte einbauen können.*

*Aktuelle Infos und Downloads zu diesem Kapitel:*

■   *Geben Sie unter* www.comborn.de/mysql *folgende Info-Nr ein:* 08my911w.

## 8.1 Wozu das Ganze?

Wenn Sie häufiger die PHP-MySQL-Kombination einsetzen, werden Sie feststellen, dass Sie beim Zugriff auf MySQL immer wieder ähnliche Aufgaben in PHP lösen müssen. Dazu zählen

- der Verbindungsaufbau zur Datenbank,
- die Fehlerbehandlung,
- das Senden von SQL-Befehlen,
- das Verarbeiten von Abfrageergebnissen sowie
- die Formularauswertung.

Damit Sie den PHP-Quellcode für die wiederkehrenden Grundfunktionen nicht ständig neu schreiben müssen, erstellen Sie jetzt hierfür eine universell einsetzbare Sammlung.

Insbesondere dann, wenn Sie statt der unschönen Fehlermeldungen, die der Webserver liefert, lieber eine eigene Fehlerbehandlung integrieren wollen, müssen Sie dafür immer wieder dieselben Quellcode-Sequenzen aufnehmen. Im Abschnitt 8.3 auf Seite 161 sehen Sie, wie Sie eine Fehlerbehandlung in die neu zu erstellende Klasse integrieren können. Zunächst einmal geht es aber um die Frage, was überhaupt eine Klasse ist und wie sie aufgebaut wird.

## 8.2 Mehrere Funktionen in einer Klasse

Eine Klasse bietet eine komfortable Möglichkeit, mehrere Funktionen zusammenzufassen, so dass ganz einfach darauf zugegriffen werden kann.

## Aufbau einer Funktion

Soll eine besondere Aufgabe gelöst werden, können Sie dafür in PHP eine eigene Funktion schreiben.

### Schreibweise einer Funktion

Eine Funktion wird durch den Funktionsnamen und die gegebenen-falls zu übergebenden Parameter definiert. Folgende Funktion hat den Namen verbinden und erwartet die drei Parameter $host, $user und $password.

```php
<?php
// Das ist die Funktion
function verbinden($host,$user,$password){
    $db_verbindung=@mysql_connect($host, $user, $password);
    if(empty($db_verbindung)){
        echo "Fehler beim Verbinden...";
    }
return $db_verbindung;
}
// hier wird die Funktion aufgerufen.
$verbindung = verbinden("localhost", "root", "");
If(!empty($verbindung)){echo "mysql_connect hat geklappt";}
?>
```

> **Das Skript einfach herunterladen**
>
> Das Skript steht als *funktion_bsp.php* auf *www.comborn.de/mysql* zum Download bereit, nachdem Sie dort als Info-Nr 08my911w eingegeben haben.

### Funktion aufrufen

Zum Aufrufen einer Funktion geben Sie, wie im obigen Skript zu sehen, den Namen der Funktion und in Klammern die erforderlichen Parameter an. Sind keine Parameter erforderlich, bleibt die Klammer leer.

## Aufbau einer Klasse

Eine Klasse stellt den Rahmen für mehrere Funktionen dar. Die Klasse wird mit dem Schlüsselwort class definiert, gefolgt vom Namen der Klasse. Danach erfolgt die Definition der zur Klasse gehörenden Variablen, vor deren Namen dabei das Schlüsselwort var gesetzt wird. Über das Schlüsselwort $this gefolgt von -> kann man auf die definierten Variablen und Funktionen zugreifen (siehe Abbildung 8.1 auf der nächsten Seite).

Kapitel 8 – MySQL-Zugriff mit PHP-Klasse

```php
<?php
// Hier kommt die Klasse
class anzeigen {

    var $antwort="Ich kenne Ihren Namen nicht. <br>";

    function anrede($name){
    $this->antwort="Ihr Name ist " . $name . ".<br>";
    return $this->antwort;
    }
    //Konstruktor wird beim Aufruf der Klasse ausgeführt
    function anzeigen(){
    echo $this->antwort;
    }
}
// Hier wird die Klasse aufgerufen
$test=new anzeigen();
$name=$test->anrede("Hase");
echo $name;
$test->anrede("Igel");
$test->anzeigen();
echo $name;
echo $test->antwort;
?>
```

Mit $test=new anzeigen(); stellen Sie über die Variable $test eine Verbindung zur Klasse anzeigen her. Man sagt auch, dass es sich damit bei $test um eine Variable vom Typ anzeigen handelt. Mit $test-> gefolgt vom entsprechenden Namen können Sie alle Funktionen oder

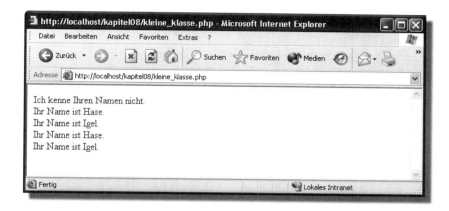

Abb. 8.1: Beim Aufruf des Skriptes mit der Klasse erhalten Sie dieses Ergebnis

Variablen der Klasse aufrufen. Übrigens dürfen Sie den Variablennamen dabei kein $ voranstellen.

Eine Funktion mit dem gleichen Namen wie die Klasse wird als Konstruktor bezeichnet und beim Aufruf der Klasse direkt ausgeführt. Im obigen Beispiel ist das die Funktion anzeigen. Funktionen einer Klasse werden auch als Methoden der Klasse bezeichnet. Dieses Beispiel können Sie als *kleine_klasse.php herunterladen.*

## 8.3 Die Klasse »my_zugriff«

Die neue Klasse soll die Bezeichnung my_zugriff bekommen. Der Grundstock der neuen Klasse enthält den Verbindungsaufbau, eine einfache Fehlerbehandlung sowie die Möglichkeit zur Bearbeitung von SQL-Befehlen.

### Der Aufbau der Klasse »my_zugriff«

Im Folgenden gehe ich das PHP-Skript mit der Klasse my_zugriff von Anfang bis Ende durch. Den Abdruck des als *my_zugriff.inc.php* gespeicherten Skripts unterbreche ich dabei für Erläuterungen.

```php
<?php
class my_zugriff{
//Variablen für Zugangsdaten
var $user="root";//Benutzername für den MySQL-Zugang
var $password="";//Passwort
var $host="localhost"; //Name (IP-Adr.) des Rechners mit MySQL
var $dbname="schreinerei"; //Name der Datenbank
//Weitere Variablen
var $db_verbindung=false; //Speichert die Verbindungskennung
var $sql_result=false; //Speichert Kennung eines ausgewerteten
SQL-Befehls
```

Neben den Variablen für den Verbindungsaufbau wird im Rumpf eine Variable $db_verbindung definiert, die die beim Verbindungsaufbau vergebene Kennung speichert. In der Variable $sql_result wird später bei der Übergabe eines SQL-Befehls eine Kennung gespeichert.

Die als Konstruktor definierte Funktion my_zugriff() enthält die Funktion verbinden(), die damit beim Aufruf der Klasse ausgeführt wird.

```php
//Konstruktor definieren
function my_zugriff(){
    //Funktion verbinden wird bei Aufruf der Klasse ausgeführt
    $this->verbinden();
}
//Falls keine Verbindung besteht,
//Verbindung aufbauen und Datenbank als Standard definieren
function verbinden(){
if ($this->db_verbindung==false){
    $this->db_verbindung = @mysql_connect($this->host,
      $this->user,$this->password);
    if(empty($this->db_verbindung)){
        $this->fehler("Beim Verbinden");
    }
    $auswahl = @mysql_select_db($this->dbname, $this->
    db_verbindung);
    if(empty ($auswahl)){
        $this->fehler("Beim Ausw&auml;hlen der DB");
    }
    return $this->db_verbindung;
}
}
```

Wenn nicht bereits eine Verbindung besteht, sorgt die Funktion verbinden() für den Verbindungsaufbau zur Datenbank und legt die Datenbank als Standard fest. Dabei werden die Werte der eingangs definierten Variablen verwendet. Die Funktion gibt die Verbindungs- kennung zurück.

Mit dem @-Zeichen vor einer Funktion unterdrücken Sie die Stan- dardfehlermeldungen des Webservers. Falls ein Fehler auftritt, wird stattdessen die Funktion fehler() aufgerufen, der als Parameter ein Text mit der Nennung der Stelle, an der der Fehler aufgetreten ist, übermittelt wird. Die Funktion fehler() hat folgenden Aufbau:

```
//Gibt Fehlermeldung aus und beendet das Skript
function fehler($fehlerpunkt){
    echo $fehlerpunkt . " ist ein Fehler aufgetreten!<br>";
        echo mysql_error() . "<br>"; //Fehlerbezeichnung
        echo mysql_errno();//Fehlernummer
        echo "</body></html>";       //html-Tags schließen
        exit;
}
```

Neben den aus den einzelnen Funktionen übermittelten Bezeich- nungen für den Punkt, an dem der Fehler aufgetreten ist, werden auch mit den PHP-Funktionen mysql_error() und mysql_errno() Feh- lerbezeichnung und Fehlernummer angegeben. Da die Klasse immer zwischen den body-Tags der HTML-Seite eingebunden werden soll, müssen bei einem Fehler der body- und html-Tag geschlossen werden.

Am Ende der Klasse stehen die beiden Funktionen zur Auswertung von SQL-Befehlen. Auch hier wird bei auftretenden Fehlern wieder zur Funktion fehler() verzweigt.

Mit der Funktion sql_befehl()wird ein SQL-Befehl an die Datenbank gesendet. Dabei wird die Kennung in der Variablen sql_result gespei- chert. Wurde zuvor ein SQL-Befehl gesendet (was an der eingetrage- nen Kennung in sql_result zu erkennen ist), kann aus dem Ergebnis mit mysql_fetch_array ein Array mit den Datensätzen ermittelt wer- den. Dies geschieht in der Funktion sql_daten().

```
//SQL-Befehl ausführen
function sql_befehl ($sql){
$this->sql_result = @mysql_query($sql, $this->db_verbindung);
if (empty($this->sql_result)){
    $this->fehler("Beim Senden der Abfrage");
}
return $this->sql_result;
}
//Falls zuvor ein SQL-Befehl ausgeführt wurde,
//wird hier das Array mit den Datensätzen ausgegeben
function sql_daten (){
if(!empty($this->sql_result)){
    $sql_array=@mysql_fetch_array($this->sql_result);
    return $sql_array;
}else{
    $this->fehler("Beim Ausgeben der Datens&auml;tze");
}
}
```

Die Definition der Klasse ist damit abgeschlossen. Am Ende des Skripts wird die Klasse direkt aufgerufen.

```
$db=new my_zugriff();
?>
```

Diese letzte Zeile bewirkt, dass die Klasse direkt nach Einbindung des Skripts mit include zur Verfügung steht.

## Die Klasse »my_zugriff« verwenden

Wird das Skript *my_zugriff.inc.php* mit include in ein anderes Skript eingebunden, steht dort mir $db eine Variable vom Typ my_zugriff zur Verfügung, über die Sie auf Variablen und Funktionen der Klasse zugreifen können.

Ein einfacher Aufruf könnte dabei aussehen wie im folgenden Skript *klasse_aufruf.php*.

```
<?php
include("my_zugriff.inc.php");
$db->sql_befehl("SELECT vorname,nachname FROM kunden");
```

```
while($data=$db->sql_daten()){
echo $data['vorname'] . " " . $data['nachname'] . "<br>";
}
?>
```

Sofern *klasse_aufruf.php* und *my_zugriff.inc.php* im selben Verzeichnis liegen, bekommen Sie beim Zugriff auf die mit den Beispieldaten gefüllte Tabelle *kunden* die in folgender Abbildung zu sehende Liste angezeigt:

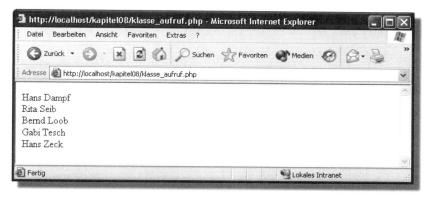

Abb. 8.2: Zur Anzeige dieser Liste wurden Funktionen der Klasse my_zugriff genutzt

Da *my_zugriff.inc.php* Ihre Zugangsdaten enthält, sollten Sie diese Datei genau wie die in Kapitel 3 genutzte *zugang.inc.php* in ein geschütztes Verzeichnis packen. Der im include-Ausdruck der aufrufenden Skripte angegebene Pfad muss dann natürlich entsprechend angepasst werden.

## Neue Funktionen hinzufügen

Die Klasse my_zugriff wird in den Praxisbeispielen der nächsten Kapitel verwendet und je nach Bedarf um weitere Funktionen ergänzt. Außerdem kommt mit my_form in Kapitel 10 eine weitere Klasse hinzu. In my_form werden Funktionen zur Formularauswertung zusammengefasst. Auch wenn Sie demnächst eigene Projekte mit MySQL und PHP entwickeln, können Sie zu den vorgestellten Klassen Funktionen nach Ihren eigenen Erfordernissen hinzufügen, oder eine neue Klasse mit Funktionen für ein spezielles Anwendungsgebiet erstellen.

# 9 Praxisbeispiel: Log-Statistik

*Das lernen Sie in diesem Kapitel:*

- *Sie erfahren, wie Sie die in einer Tabelle gespeicherten Webseiten-Aufrufe in tabellarischer Form und als Balkendiagramme anzeigen lassen können.*

- *Von der Entwicklung der richtigen SQL-Befehle bis zum Entwurf der Ausgabe in Balkenform gehen Sie alle erforderlichen Arbeitsschritte durch und haben am Ende ein praxistaugliches Ergebnis.*

*Aktuelle Infos und Downloads zu diesem Kapitel:*

- *Geben Sie unter* www.comborn.de/mysql *folgende Info-Nr ein:* 09my487c.

## 9.1 Inhaltliche Vorbereitung

In Kapitel 2 habe ich das Balkendiagramm der Logfile-Auswertung schon als Beispiel für eine grafische Aufbereitung von Abfrageergebnissen vorgestellt. In diesem Kapitel erfahren Sie die zur Umsetzung erforderlichen Schritte. Dabei kommt der Trick mit den Balken erst am Ende. Zu Beginn können Sie Ihre in den vorherigen theoretischen Kapiteln erworbenen Kenntnisse nutzen, um die richtigen SQL-Abfragen zu formulieren und die Ergebnisse in tabellarischer Form auszugeben. Wie beim ersten Praxisbeispiel in Kapitel 3 stehen auch jetzt wieder ein paar grundsätzliche Überlegungen am Anfang.

## Woher stammen die Daten?

Die Log-Daten sollen automatisch erzeugt werden, sobald eine Seite aufgerufen und im Browser angezeigt wird. Statt wie bei einer Online-Umfrage Benutzereingaben auszuwerten, geht es in diesem Fall um den Zugriff auf die vom Server beim Seitenaufruf automatisch bereitgestellten Servervariablen. Ein kleines, in die Webseiten eingebautes PHP-Skript soll dabei beim Seitenaufruf die Servervariablen auslesen und in eine MySQL-Tabelle schreiben.

 **Übersicht über die zur Verfügung stehenden Variablen**

Auf *www.comborn.de/mysql* finden Sie nach Eingabe der Info-Nr 09my487c das Skript *servervars.php*. Wenn Sie dieses Skript herunterladen, auf Ihre Internetpräsenz hochladen (oder in das Stammverzeichnis Ihrer Testumgebung kopieren) und dort aufrufen, finden Sie eine Liste mit den Bezeichnungen der einzelnen Variablen und einer kurzen Beschreibung. Von den meisten Servern wird nur ein Teil der Variablen unterstützt. Die Werte der nicht unterstützten Variablen werden nicht angezeigt. Wichtig ist, dass Sie die Variablen über das Array $_SERVER in der Form $_SERVER['variable'] aufrufen.

## Wie sollen die erfassten Daten angezeigt werden?

Bei diesem Beispiel liegt der Schwerpunkt eindeutig bei der Aufbereitung und dem Anzeigen der erhobenen Daten. Es soll ermittelt werden,

- welche der untersuchten Seiten wie oft aufgerufen wurde,
- welche Browser dabei zum Einsatz kamen und
- wie viele Aufrufe es insgesamt je Monat gab.

Alle Daten sollen dabei in tabellarischer Form angezeigt werden.

## Wie ist der Ablauf?

Es soll eine Seite mit der Gesamtstatistik aufgerufen werden können, von der aus dann zu den einzelnen Monaten verzweigt wird, um die schon erwähnte Aufschlüsselung nach Tagen als Balkendiagramm anzeigen zu lassen.

## Ginge es auch ohne Datenbank?

Sie können Ihre Log-Daten theoretisch auch in eine Textdatei speichern, was aber keine annähernd so komfortablen Möglichkeiten bei der Auswertung bietet. In einer Datenbank gespeicherte Log-Daten können Sie ganz einfach nach unterschiedlichen Kriterien gruppieren und sortieren. Dazu bedarf es nur minimaler Änderungen an den einmal gefundenen SQL-Befehlen. Ein entsprechendes Vorgehen ist mit einem im Textprogramm bearbeiteten Log-Text so einfach nicht machbar.

# 9.2 Entwurf der Datenbank

Für das Speichern der Log-Daten reicht eine Tabelle. Diese Tabelle soll den Namen *statistik* erhalten und insgesamt fünf Felder umfassen. Wenn Sie die Tabelle mit Unterstützung von phpMyAdmin erstellen, müssen Sie dabei folgende Angaben machen.

| Feld | Typ | Länge | Extra | Null | Pr. |
|------|-----|-------|-------|------|-----|
| logID | Int | | auto_increment | | x |
| ip | Varchar | 15 | | null | |
| seite | Varchar | 100 | | null | |
| browser | Varchar | 150 | | null | |
| zeit | Timestamp | | | | |

Tabelle 9.1: Angaben zum Erstellen der Tabelle

In phpMyAdmin wird daraus der folgende SQL-Befehl erzeugt:

```
CREATE TABLE statistik (
logID int(11) NOT NULL auto_increment,
ip varchar(15) default NULL,
seite varchar(100) default NULL,
browser varchar(150) default NULL,
zeit timestamp NOT NULL,
PRIMARY KEY (logID) )
```

Das Feld logID enthält den Primärschlüssel. In ip wird die IP-Adresse des aufrufenden Rechners gespeichert, seite nimmt die Bezeichnung der aufgerufenen Seite auf und browser enthält die Angaben zum beim Aufruf verwendeten Browser.

Im Feld zeit vom Typ timestamp soll automatisch die Zeit des Aufrufs eingetragen werden. Damit das funktioniert, muss dem Feld im INSERT-Befehl der Wert NULL zugewiesen werden. Wenn Sie stattdessen die Zahl 0 oder eine leere Zeichenkette übermitteln, wird der Wert des Feldes nicht auf die aktuelle Zeit gesetzt.

 **MySQL-Timestamp und UNIX-Timestamp in PHP**

Der MySQL-Timestamp wird im Format 20041231245959 angegeben. In PHP wird der UNIX-Timestamp verwendet, der die Sekunden seit 1970 zählt. Um beispielsweise eine in PHP mit time() ermittelte aktuelle Zeit in MySQL zu übernehmen, verwenden Sie die SQL-Funktion FROM_UNIXTIME(). In die Gegenrichtung geht es mit UNIX_TIMESTAMP(). Sollen in PHP Zeitangaben in einen UNIX-Timestamp konvertiert werden, nutzen Sie die Funktion mktime($stunde, $minute, $sekunde, $monat, $tag, $jahr).

# 9.3 Das Skript zum Erfassen der Daten

Das Skript, das die Daten beim Aufruf der Seite in die Datenbank einträgt, soll später per include zwischen den body-Tags der
betreffenden Seite eingebunden werden. Es erhält den Namen
*log_schreiben.inc.php* und wird im neuen Verzeichnis *statistik*
abgelegt.

Am Anfang wird die Klasse my_zugriff eingebunden und damit eine
Verbindung zur Datenbank aufgebaut. Die Datei *my_zugriff.inc.php*
mit der Klasse liegt im Verzeichnis *verbindung*. Da das Verzeichnis
*skripte* auf derselben Ebene liegt, ergibt sich die folgende relative
Pfadangabe:

```php
<?php
include("../verbindung/my_zugriff.inc.php");
```

Danach werden die drei Servervariablen in Variablen zwischenge-
speichert, denen ich den Namen der entsprechenden Felder der
Datenbank gegeben habe. Vor und nach den Variablen sind einfache
Anführungszeichen hinzugefügt, um die übergebenen Werte damit
bei der Übergabe im SQL-Befehl als Text zu kennzeichnen. Ist der
Wert einer Servervariablen nicht gesetzt, wird NULL gespeichert, aber
jetzt ohne zusätzliche einfache Anführungszeichen!

```php
if(isset($_SERVER['REMOTE_ADDR'])){
    $ip="'".$_SERVER['REMOTE_ADDR']."'";
}else{
    $ip="NULL";
}
if(isset($_SERVER['PHP_SELF'])){
    $seite="'".$_SERVER['PHP_SELF']."'";
}else{
    $seite="NULL";
}
if(isset($_SERVER['HTTP_USER_AGENT'])){
    $browser="'".$_SERVER['HTTP_USER_AGENT']."'";
}else{
    $browser="NULL";
}
```

Nun muss nur noch der SQL-Befehl zusammengesetzt werden, mit dem die zwischengespeicherten Werte in die Felder der Datenbank eingetragen werden. Wie gesagt muss dabei für das Timestamp-Feld zeit der übergebene Wert NULL sein.

```
//SQL-Befehl zusammensetzen
$sql="INSERT INTO statistik (ip, seite, browser, zeit)";
$sql.="VALUES($ip, $seite, $browser, NULL)";
//SQL-Befehl an Datenbank übermitteln
$db->sql_befehl($sql) ;
?>
```

Der Punkt als Operator vor dem Gleichheitszeichen bewirkt, dass der rechts stehende Wert an die links stehende Variable angehängt wird.

Für die Übermittlung des SQL-Befehls an die Datenbank wird mit $db->sql_befehl($sql) eine Funktion der im letzten Kapitel erstellten Klasse my_zugriff genutzt.

### Skript testen

Zum Testen des Skripts speichern Sie eine HTML-Seite im Verzeichnis *statistik* und binden das Skript mit

```
<?php include("log_schreiben.inc.php") ?>
```

zwischen die body-Tags ein. Die Seite muss die Endung *php* bekommen. Sind das Skript *log_schreiben.inc.php* und die zu untersuchende Seite nicht in einem Verzeichnis (was ja später der Normalfall sein wird), müssen Sie die relative Pfadangabe entsprechend anpassen.

## 9.4 Log-Daten auswerten

Zur Auswertung der Daten sollen zunächst die entsprechenden Abfragen entwickelt werden. Dann zeige ich Ihnen, wie Sie sich die Ausgabe in Tabellenform durch das Anlegen einer neuen Funktion in der Klasse my_zugriff erleichtern. Damit können Sie eine funktionierende erste Version des Auswertungsskripts erstellen. Für die endgültige Fassung werden dann noch die Auslagerung und Darstellung der Monatsübersichten ergänzt.

## SQL-Befehle zusammenstellen

Die aus der Servervariablen $HTTP_USER_AGENT übermittelten Angaben zum Browser sind im Feld browser gespeichert. Mit der folgenden Abfrage werden gleiche Einträge zu Gruppen zusammengefasst und absteigend nach der Anzahl der für die jeweilige Gruppe ermittelten Aufrufe aufgelistet. In der ersten Zeile wird der Name der Tabelle aufgenommen. Diese Angabe wird später in der neuen Funktion der Klasse my_zugriff ausgewertet (siehe den Abschnitt »Tabellenausgabe-Funktion für Klasse« weiter unten).

```
$tab_titel[1]="Nach Browser";
$sql[1]="SELECT browser AS 'Browser', ";
$sql[1].="COUNT(*) AS 'Aufrufe' ";
$sql[1].="FROM statistik ";
$sql[1].="WHERE browser IS NOT NULL ";
$sql[1].="GROUP BY browser ";
$sql[1].="ORDER BY Aufrufe DESC";
```

Wenn Sie Befehle in dieser Form zusammensetzen, denken Sie an das Leerzeichen am Ende der einen beziehungsweise am Anfang der nächsten Zeile!

Die Abfrage für die im Feld seite gespeicherten Pfadinformationen über die aufgerufene Seite können Sie analog aufbauen. Sie müssen lediglich browser durch seite ersetzen und den Befehl mit sql[2] im Array speichern.

Bei der monatsweisen Gruppierung soll nicht nach der Anzahl der Aufrufe, sondern nach dem Datum sortiert werden. Zur Ermittlung von Jahr und Monat aus dem im Feld zeit gespeicherten Timestamp wird die Funktion EXTRACT(i FROM date) genutzt.

```
$sql[3]="SELECT EXTRACT(year FROM zeit) AS 'Jahr', ";
$sql[3].="EXTRACT(month FROM zeit) AS 'Monat', ";
$sql[3].="COUNT(*) AS 'Aufrufe' ";
//Hier wird später die Erweiterung eingefügt
$sql[3].="FROM statistik WHERE zeit IS NOT NULL ";
$sql[3].="GROUP BY Jahr DESC, Monat DESC";
```

Ein ORDER BY ist diesmal nicht erforderlich, da jetzt für die Datumsreihenfolge direkt im Gruppierungsausdruck GROUP BY absteigend sortiert werden kann.

## Tabellenausgabe-Funktion für Klasse

Für die Ausgabe der Abfrageergebnisse in Tabellenform empfiehlt es sich, eine eigene Funktion in die Klasse my_zugriff aufzunehmen. Die Funktion bekommt den Namen sql_in_tabelle. Ihr können zwei Parameter übergeben werden: der SQL-Befehl und ein Text für die Tabellenüberschrift. Die Angabe der Tabellenüberschrift ist nicht unbedingt erforderlich.

```
function sql_in_tabelle($sql, $tab_titel=""){
```

Durch die Angabe eines Wertes bei der Funktionsdefinition wird aus einem Parameter ein optionaler Parameter. Der eingetragene Parameterwert (im Beispiel eine leere Zeichenkette) wird verwendet, wenn für den Parameter kein Wert übergeben wurde.

Die Funktion soll nur ausgeführt werden, wenn eine Abfrage vorliegt.

```
if(!empty($sql)){
    if(!empty($tab_titel)){
        echo "<br><b><font size=\"+2\" color=\"#999999\">";
        echo htmlentities($tab_titel);
        echo "</font><br>\n";
    }
```

Als Erstes wird ein gegebenenfalls vorhandener Text als Tabellentitel formatiert angezeigt. Danach erfolgt der eigentliche Aufbau der Tabelle. Dabei werden die Funktionen sql_befehl() und sql_daten()

eingesetzt. Zur Ermittlung von Feldbezeichnung, Spaltenanzahl und Zeilenanzahl werden die PHP-Funktionen mysql_field_name(), mysql_num_fields() und mysql_num_rows() genutzt.

```php
$this->sql_befehl($sql);
echo "<table border=\"0\"><tr>";
$spalten_anz=mysql_num_fields($this->sql_result);
$zeilen_anz=mysql_num_rows($this->sql_result);
//Spaltenüberschriften
for($spalte=0; $spalte<$spalten_anz; $spalte++){
    echo "<th bgcolor=\"#BBBBBB\"> ";
    echo mysql_field_name($this->sql_result, $spalte);
    echo " </font></th>";
}
echo "</tr>\n";
//Zeilen füllen
while($zeile=$this->sql_daten()){
    echo"<tr bgcolor=\"#DDDDDD\">";
    for($spalte=0; $spalte<$spalten_anz; $spalte++){
        echo "<td> ". ($zeile[$spalte]) . ";
        echo " </td>";
    }
    echo "</tr>\n";
}
echo "</table>";
}
}
```

Die erweiterte Klasse steht als *my_zugriff.inc.php* auf *www.comborn. de/mysql* zum Download, nachdem Sie als Info-Nr 09my487c eingegeben haben.

Erste Fassung des Skripts

Damit können Sie das Skript als *log_statistik_version1.php* fertig stellen.

```php
for($i=1; $i<=3; $i++){
    $db->sql_in_tabelle($sql[$i], $tab_titel[$i]);
}
?>
```

Am Ende steht der Aufruf der drei im Array `sql` gespeicherten SQL-Befehle in der obigen `for`-Schleife. Wenn Sie das Skript aufrufen, könnte sich folgendes Bild bieten:

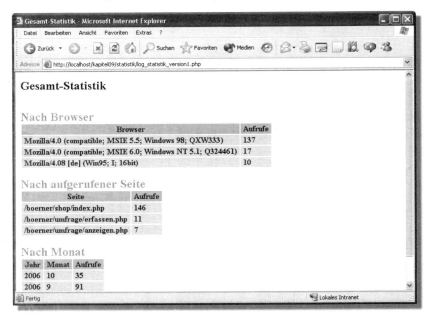

Abb. 9.1: Tabellarische Auswertung der Log-Daten

Sollte Ihre Tabelle *statistik* noch (oder wieder) leer sein, können Sie die SQL-Befehle mit den Beispieldaten aus der Datei *statistik_nur_daten.sql* mit phpMyAdmin in die Tabelle einspielen (siehe Kapitel 7).

## Ausgabe nur für gewählten Monat

Als Verbesserung soll für die Monate, für die Daten vorliegen, eine Detailansicht aufgerufen werden können, die nur die Angaben für den gewählten Monat enthält. Die verbesserte Fassung finden Sie als *log_statistik.php* auf *www.comborn.de/mysql*, nachdem Sie dort als Info-Nr `09my487c` eingegeben haben. Zunächst kümmern wir uns aber um das neue Detailskript *log_stat_2.php*.

## SQL-Befehle ergänzen

Aus dem im Feld zeit gespeicherten Datum können Sie mit $monat = EXTRACT (month FROM zeit) den Monat und mit $jahr = EXTRACT (year FROM zeit) das Jahr extrahieren und in den entsprechenden Variablen speichern. Im SQL-Befehl können Sie mit EXTRACT (month FROM zeit) = $monat die Übereinstimmung des Monats prüfen und analog auch die des Jahres. Für die Tabellendarstellung brauchen Sie in den jeweiligen SQL-Befehlen nur die beiden Teile mit AND beim WHERE-Ausdruck zu ergänzen.

```
$tab_titel[2]="Nach aufgerufener Seite";
$sql[2]="SELECT seite AS 'Seite', COUNT(*) AS 'Aufrufe' ";
$sql[2].="FROM statistik WHERE seite IS NOT NULL ";
$sql[2].="AND EXTRACT (month FROM zeit) = $monat ";
$sql[2].="AND EXTRACT (year FROM zeit) = $jahr ";$sql[2].=
"GROUP BY seite ";
$sql[2].="ORDER BY Aufrufe DESC";
```

Speichern Sie eine Kopie des ersten Skripts unter *log_stat_2.php* und nehmen Sie dort die obigen Ergänzungen für die ersten beiden SQL-Befehle vor. Den dritten SQL-Befehl brauchen Sie in dieser Form nicht, weil ja statt der Monatsübersicht die Details angezeigt werden sollen.

## Auswahl des Monats über einen Link

Da nur diejenigen Monate aufrufbar sein sollen, für die etwas eingetragen ist, bietet es sich an, direkt in der Tabelle mit den aufgelisteten Monaten für die jeweiligen Monate einen Link zu den Details unterzubringen.

Abb. 9.2: Details je Monat anzeigen lassen

### Nach Monat

| Jahr | Monat | Aufrufe | Details |
|------|-------|---------|---------|
| 2006 | 10 | 35 | anzeigen |
| 2006 | 9 | 91 | anzeigen |
| 2006 | 8 | 38 | anzeigen |

Erinnern Sie sich an die Variablenübergabe bei Formularen? Genau so übergeben wir jetzt die beiden in den Variablen $jahr und $monat gespeicherten Werte des Jahres und des Monats in der URL an das Skript *log_stat_2.php*, in dem die Details angezeigt werden.

```
$link1="'<a href=\"./log_stat_2.php?jahr_monat='";
$jahr="EXTRACT(year FROM zeit)";
$und="'&monat='";
$monat="EXTRACT(month FROM zeit)";
$link2="'\">anzeigen</a>'";
```

Der Ausdruck wird dann mit CONCAT im SQL-Befehl zusammengesetzt.

```
$tab_titel[3]="Nach Monat";
$sql[3]="SELECT EXTRACT(year FROM zeit) AS 'Jahr', ";
$sql[3].="EXTRACT(month FROM zeit) AS 'Monat', ";
$sql[3].="COUNT(*) AS 'Aufrufe' ";
$sql[3].=",CONCAT($link1, $jahr, $und, $monat, $link2)
   AS 'Details' ";
$sql[3].="FROM statistik WHERE zeit IS NOT NULL ";
$sql[3].="GROUP BY Jahr DESC, Monat DESC";
```

### Verarbeitung von »$jahr_monat« in »log_stat_2.php«

Im head-Bereich von *log_stat_2.php* wird zunächst geprüft, ob es sich bei den per GET übergebenen Werten für $jahr und $monat tatsächlich um ganze Zahlen handelt (oder ob ein potenzieller Angreifer möglicherweise versucht hat, per GET andere Werte einzuschleusen). War die Ganzzahl-Prüfung erfolgreich, werden die Werte zunächst für die Anzeige von Jahr und Monatsnamen verwendet.

```
<head>
<?php
if(!isset($_GET["jahr"]))die("Kein Direktaufruf!");
//Prüfen, ob eine Ganzzahl übergeben wurde
if((abs((integer)$_GET["jahr"]))){
    $jahr=abs((integer)$_GET["jahr"]);
}else{
    exit;
}
//Prüfen, ob eine Ganzzahl übergeben wurde
```

```
if((abs((integer)$_GET["monat"]))){
    $monat=abs((integer)$_GET["monat"]);
}else{
    exit;
}
//Array für Monatsbezeichnungen, die über Monatsnummer aufgerufen
werden
$bez_monat=array("Januar", "Februar", "M&auml;rz", "April", "Mai",
"Juni",
    "Juli", "August", "September", "Oktober", "November",
    "Dezember");
?>
    <title>Statistik <?php echo $bez_monat[$monat-1]." ".
        $jahr?></title>
</head>
```

Danach wird die Variable (wie oben beschrieben) für die erweiterten SQL-Befehle genutzt.

## Das Balkendiagramm

Die wichtigsten Punkte bei der Erstellung des Balkendiagramms möchte ich hier kurz vorstellen. Die Balken sollen aus einzelnen Zellen einer Tabelle erzeugt werden. Es soll so viele Spalten geben, wie der Monat Tage hat.

### Wie viele Tage hat der Monat?

Damit alle Tage des Monats angezeigt werden und nicht nur die, für die Daten eingetragen sind, muss im ersten Schritt mit den PHP-Funktionen mktime() und date() die Anzahl der Tage des gewählten Monats ermittelt werden.

```
$unixzeit=mktime(2,0,0, $monat, 1, $jahr);
$tage_anz=date("t", $unixzeit);
```

Die Angabe von "t" sorgt für die Ausgabe der gesuchten Tageszahl.

### Was ist die maximale Anzahl der Aufrufe je Tag?

Für die Höhe der Tabellenzellen soll ein fester Wert angegeben werden. Die maximale Anzahl der Aufrufe je Tag im betreffenden Monat soll die Höhe zu 100% ausschöpfen. Alle anderen Werte ergeben sich damit entsprechend. Folgende Abfrage ermittelt den gesuchten Maximalwert.

```
$sql_b="SELECT COUNT(*) AS 'Aufrufe' FROM statistik ";
$sql_b.="WHERE EXTRACT(year FROM zeit)=$jahr ";
$sql_b.="AND EXTRACT(month FROM zeit)=$monat ";
$sql_b.="GROUP BY EXTRACT(day FROM zeit) ";
$sql_b.="ORDER BY Aufrufe DESC LIMIT 1";
$db->sql_befehl($sql_b);
$data=$db->sql_daten();
$max_anz=$data['Aufrufe'];
echo "Im " . $bez_monat[$monat-1] ." ". $jahr .
    " gab es maximal ";
echo $max_anz ." Aufrufe pro Tag";
$je_aufruf=100/$max_anz;
```

Wegen der absteigenden Sortierung ist der erste Wert zugleich der Maximalwert. Die Variable $je_aufruf enthält den Prozentanteil an der Gesamthöhe für einen Aufruf.

Werte der Tage in Array speichern

Im folgenden Teil des Skripts wird zunächst mit der Abfrage die Anzahl der Aufrufe je Tag ermittelt. Dann werden die Tage, für die Aufrufe vorliegen, unter der Nummer des Tages in ein Array gespeichert.

```
//Nach Tagen sortiert
$sql_b="SELECT COUNT(*) AS 'Aufrufe', ";
$sql_b.="EXTRACT(day FROM zeit) AS 'Tag' ";
$sql_b.="FROM statistik ";
$sql_b.="WHERE EXTRACT(year FROM zeit)=$jahr ";
$sql_b.="AND EXTRACT(month FROM zeit)=$monat ";
$sql_b.="GROUP BY Tag ";
$db->sql_befehl($sql_b);
//While-Schleife direkt anschließen!!
while($data=$db->sql_daten()){
//Wenn am Tag Aufrufe eingetragen sind, diese in Array eintragen
$aufrufe_am[$data['Tag']]=$data['Aufrufe'];
}
```

Anlegen der Tabelle

Beim Anlegen der Tabelle werden Breite und Höhe der Tagesbalken festgelegt.

```
//Tabelle anlegen
  $height=200; //Höhe eines Tagesbalkens
  $width=20;   //Breite eines Tagesbalkens
  echo "<table border=\"0\" height=\"$height\"><tr>\n";
```

Dann werden alle Tage des Monats durchgegangen.

```
//Monat tageweise durchgehen.
for($tag=1; $tag<=$tage_anz; $tag++){
echo "<td width=$width valign=\"bottom\" bgcolor=\"#EEEEEE\">\n";
```

Bei älteren Browsern, wie Netscape 4, werden die Balken nur ange-zeigt, wenn in der entsprechenden Tabellenzelle etwas eingetragen ist. Hierfür wird ein Ein-Pixel-Bild verwendet, das Sie unter der Be-zeichnung *spacer.gif* von *www.comborn.de/mysql* herunterladen können, nachdem Sie dort als Info-Nr 09my487c eingegeben haben. Sie müssen *spacer.gif* mit in das *statistik*-Verzeichnis kopieren, da-mit das Skript funktioniert.

```
//Ein-Pixel-Bild in Zelle, damit sie auch im Netscape 4 angezeigt
wird
echo "<img src=\"spacer.gif\" height=\"1\" width=\"1\"><br>";
```

Innerhalb einer Tabellenzelle für den jeweiligen Tag wird dann eine weitere Tabelle angelegt. Liegt für die Nummer des Tages im Array $aufrufe_am kein Wert vor, wird die Tabelle in der Hintergrundfarbe eingetragen, wodurch sie unsichtbar bleibt.

```
//Tabelle in der Tabelle für einzelne Balken
  if(empty($aufrufe_am[$tag])){
/* Die Zelle wird in der Hintergrundfarbe eingetragen, so dass Sie
unsichtbar ist*/
echo "<table bgcolor=\"#EEEEEE\" cellpadding=\"0\"
cellspacing=\"0\">\n";
    echo "<tr>";
    echo "<td width=\"$width\" height=\"0\" border=\"0\">\n";
```

Kapitel 9 – Praxisbeispiel: Log-Statistik

```
// 1Pixel-Bild in Zelle, damit sie auch im Netscape 4 in
// richtiger Breite angezeigt wird
echo "<img src=\"spacer.gif\" height=\"0\" width=\"$width\">
    <br>";
echo "</tr>\n";
echo "</table>\n";
```

Liegt für die Nummer des Tages im Array $aufrufe_am ein Wert vor, wird die Tabelle in der Tabelle in einer dunkleren Hintergrundfarbe angelegt. Die Höhe der Tabelle in der Tabelle (und damit des sichtbaren Balkens) wird in Abhängigkeit von der Gesamtzahl der Aufrufe ($aufrufe_am[$tag]) und der Höhe je Aufruf ($je_aufruf) ermittelt. Danach wird die Balkenhöhe über height festgelegt:

```
}else{
//Wenn Aufrufe für den Tag vorliegen, dann Balkenhöhe ermitteln
$balken=$je_aufruf*$aufrufe_am[$tag]*$height/100;//Balken in Pixel
//Kommastellen abschneiden
$balken=number_format($balken,0,",","."));
//Tabelle in Zelle für den Balken
/* cellpadding=0 setzt den Abstand zwischen Zellenrand und
Zelleninhalt auf 0, cellspacing=0 setzt den Abstand der
Zellen untereinander auf 0
*/
echo "<table bgcolor=\"#666666\" cellpadding=\"0\"
cellspacing=\"0\">\n";
echo "<tr>";
echo "<td width=\"$width\" height=\"0\" border=\"0\">\n";
// 1Pixel-Bild in Zelle, damit sie auch im Netscape 4 in richtiger
// Breite und Höhe angezeigt wird
echo "<img src=\"spacer.gif\" height=\"$balken\" width=\"$width
\"><br>";
echo "</td>\n";
echo "</tr>\n";
echo "</table>\n";
    }
//Ende des Balkenbereichs
echo "</td>";
}
echo "</tr>\n";
//Nummer des Tages in die nächste Spalte schreiben
```

```
for($tag=1; $tag<=$tage_anz; $tag++){
    echo "<td><font size=\"2\">  ". $tag . " </font></td
    >";
}
echo "</tr>\n";
echo "</table><br>\n";
```

Das komplette Skript können Sie als *log_stat_2.php* herunterladen.

## Die fertige Fassung der Skripte

Wenn Sie nun in *log_skript.php* auf den Link neben einem Monat klicken (siehe Abbildung 9.2 auf Seite 177), wird im Skript *log_stat_2.php* der Monat mit dem Balkendiagramm und den tabellarischen Angaben angezeigt.

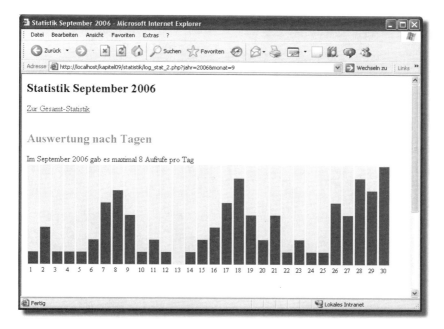

Abb. 9.3: Details zu den Seitenaufrufen eines Monats

Kapitel 9 – Praxisbeispiel: Log-Statistik

In der Adresszeile sehen Sie übrigens sehr schön die übermittelten Werte für $jahr und $monat.

Ich wünsche Ihnen mehr als acht Seitenaufrufe täglich und hoffe, dass Ihnen dieses Kapitel Anregungen gegeben hat, was Sie mit MySQL und PHP machen können.

# 10 Praxisbeispiel: Mailer

*Das lernen Sie in diesem Kapitel:*

- *Mit auf mehrere Tabellen verteilten Daten zu arbeiten,*

- *Felder eines Formulars in Abhängigkeit von den vorhandenen Daten anzeigen zu lassen,*

- *Funktionen für die Formularauswertung in der Klasse* my_form *zusammenzufassen und zu verwenden,*

- *über Auswahlmöglichkeiten eines Formulars unterschiedliche Teilmengen des Datenbestandes zusammenzustellen,*

- *die Mail-Funktion von PHP einzusetzen,*

- *mehrere Schritte zu einer Transaktion zusammenzufassen, um diese entweder komplett oder gar nicht ausführen zu lassen.*

*Aktuelle Infos und Downloads zu diesem Kapitel:*

- *Geben Sie unter* www.comborn.de/mysql *folgende Info-Nr ein:* 10my253m.

# 10.1 Inhaltliche Vorbereitung

Auf der Basis der in Kapitel 6 entwickelten Tabellenstruktur soll als praktische Anwendung ein Mailer erstellt werden. Dieser soll es ermöglichen, aus dem vorhandenen Bestand an Kunden-E-Mail-Adressen zu unterschiedlichen Themenschwerpunkten E-Mail-Newsletter an die am jeweiligen Thema interessierten Kunden zu verschicken.

In Kapitel 6 ging es vor allem um ein Beispiel, an dem sich die Aufteilung in mehrere Tabellen bei der Normalisierung gut demonstrieren ließ. In diesem Kapitel steht der Entwurf einer praktischen Anwendung im Vordergrund. Dabei werden wir die Tabellenstruktur aus Kapitel 6 an die konkreten Erfordernisse anpassen.

Am Anfang steht die Überlegung, für das Verschicken von Newslettern kein Geld zu verlangen! In Kapitel 6 war das Auslagern einer eigenen Tabelle *preisgruppen* ein gutes Beispiel für die Anwendung der dritten Normalform. Beim Mailer hingegen sind vor allem die Möglichkeiten zum Auswählen der Adressen nach unterschiedlichen Kriterien interessant. Das Thema »Geld verdienen im Internet« wird auf das nächste Kapitel verschoben, in dem es um einen Online-Shop geht.

## Woher stammen die Daten?

Die Kunden können Ihre E-Mail-Adresse über ein Formular auf einer Webseite in den Mail-Verteiler eintragen. Dabei haben sie die Möglichkeit, verschiedene Themengebiete anzukreuzen, zu denen sie Informationen wünschen. Außerdem muss angegeben werden, ob eine Mitgliedschaft im Verein Splintholzfreunde e. V. besteht oder nicht, da Vereinsmitglieder spezielle Informationen gemailt bekommen sollen (siehe Abbildung).

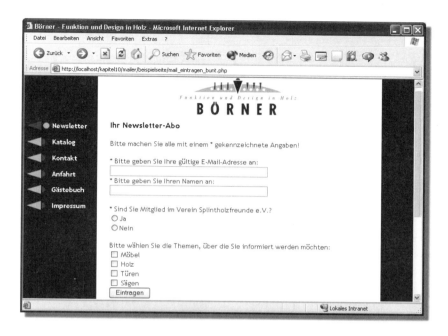

Abb. 10.1: Angaben beim Eintragen der E-Mail-Adresse

Der Inhalt der Mail soll in einem anderen Online-Formular eingegeben werden können. Bei der Auswahl der Adressen soll im Formular der in der Datenbank gespeicherte Adressbestand ausgewertet werden (siehe Abbildung auf der nächsten Seite).

## Verzeichnisschutz

Das Skript mit dem Mailer sollten Sie unbedingt in ein geschütztes Verzeichnis legen, damit niemand unberechtigt Mails verschicken kann. Ein minimaler Verzeichnisschutz, wie ich ihn in Kapitel 3 beschrieben habe, reicht jetzt nicht aus, da Sie hier einzelnen Benutzern ermöglichen müssen, sich mit Benutzername und Kennwort anzumelden.

Dazu legen Sie eine Datei mit den verschlüsselten Benutzernamen an. Viele Provider bieten eine entsprechende Verschlüsselungsfunktion an. In der Datei *.htaccess* müssen Sie dann den absoluten Pfad zur

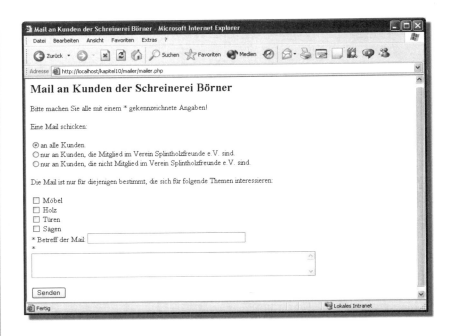

Abb. 10.2: Auswahl der eingetragenen E-Mail-Adressen

Passwortdatei angeben. Diesen erfahren Sie von Ihrem Provider. Ein
möglicher Aufbau der Datei *.htaccess* sähe dann so aus:

```
AuthType Basic
AuthUserFile /www/xyz/unterverzeichnis/schutz.pwd
AuthName "Name"
Require valid-user
```

## Verschicken der E-Mails

Diesmal werden die erfassten Daten nicht auf einer Webseite angezeigt, sondern für die Ermittlung von Adressaten und Inhalt der
E-Mails verwendet.

### Wie ist der Ablauf?

Die Kunden tragen im Formular auf der Webseite ihre Angaben ein, wobei erst wenn alle nötigen Angaben gemacht sind der Eintrag in die Datenbank stattfindet und eine Bestätigung angezeigt wird. Hierfür wird das Skript *mail_eintragen.php* erstellt.

Vor dem Verschicken der Mails müssen die Adressen nach den gegebenen Kriterien ausgewählt und Betreff sowie Text für die Mail aufgenommen werden. Diese Aufgabe übernimmt das Skript *mailer.php*.

In beiden Fällen findet eine Prüfung der Vollständigkeit der im Formular gemachten Angaben statt, bevor etwas passiert. Wie sich ein solcher Aufbau realisieren lässt, habe ich Ihnen bereits in Kapitel 5 gezeigt. In diesem Kapitel sollen die dafür benötigten Funktionen in eine eigene Klasse my_form in die Datei *my_form.inc.php* ausgelagert werden. Das funktioniert so ähnlich wie bei der in Kapitel 8 erstellten Klasse, nur dass es diesmal um Funktionen zur Formularauswertung geht.

## 10.2 Aufbau der Datenbank

Die flexible Auswahl von Adressen nach unterschiedlichen Kriterien, wie sie im Mailer erfolgen soll, lässt sich mit einer Datenbank sehr gut umsetzen. Nicht umsonst war dies das Beispielthema in den MySQL-Grundlagen in Kapitel 6. Der dort gefundene Aufbau wird wie folgt modifiziert:

▶ 1    Die Tabelle *preisgruppen* ist, wie bereits gesagt, nicht erforderlich und wird weggelassen.

▶ 2    In der Tabelle *newsletter* fällt deshalb das Feld preisID weg.

▶ 3    In der Tabelle *kunden* wird statt der Felder vorname und nachname ein einziges Feld name verwendet, das mit dem

Datentyp varchar(100) erstellt wird. Als weiteres Feld wird mitglied mit varchar(5) aufgenommen. Hier wird mit ja und nein gespeichert, ob der Kunde Mitglied ist oder nicht.

▶ 4 Die drei benötigten Tabellen speichern Sie dann bitte als *m_kunden*, *m_newsletter* und *m_kd_new*. Sie können die Tabellen auch über die Datei *mailer.sql* downloaden und mit phpMyAdmin importieren. Für den Download geben Sie auf *www.comborn.de/mysql* folgende Info-Nr ein: 10my253m.

▶ **Wichtig: Tabellentyp »InnoDB« wählen!**

Für die Tabellen sollen so genannte Transaktionen zum Einsatz kommen, die im Standardtyp MyISAM nicht möglich sind. Wählen Sie deshalb den transaktionsfähigen Tabellentyp InnoDB. Näheres zum Thema Transaktionen finden Sie auf Seite 196.

## 10.3 PHP-Klasse für Formularverarbeitung

Im Prinzip sind die benötigten Formulare so aufgebaut, wie ich es Ihnen schon in Kapitel 5 beschrieben habe. Es gibt ein Formular, das sich beim Abschicken selbst aufruft und prüft, ob alle erforderlichen Eintragungen gemacht wurden.

```
if(!isset($_POST["abschicken"])){
//..Formular anzeigen
}else{
//.. Auswertung anzeigen
}
```

Ist dies nicht der Fall, wird das Formular erneut angezeigt. Ansonsten wird das gemacht, was nach dem Kompletteintrag vorgesehen ist.

Meistens werden (wie in unserem Fall) die Daten in die Datenbank eingetragen, und es wird eine Bestätigungsmeldung angezeigt.

Bei dem ganzen Ablauf gibt es immer wiederkehrende Skriptfragmente, die jetzt in der Klasse my_form zusammengefasst werden sollen. Die Klasse wird in der Datei *my_form.inc.php* gespeichert. Am Ende erfolgt mit

```
$fm=new my_form();
```

der Aufruf der Klasse, so dass über $fm auf die Klasse zugegriffen werden kann.

## Kennzeichnung auszufüllender Felder

Es erhöht die Lesbarkeit eines Formulars, wenn Sie eine Kennzeichnung der Felder vornehmen, die noch ausgefüllt werden müssen. In Kapitel 5 hat dafür ein in einer Fehlervariablen gespeichertes Sternchen vor dem Feld gedient. Für die Sternchenvergabe gibt es jetzt in der neuen Klasse die Funktion stern. Bei dieser Funktion kommt eine Variable $allesklar zum Einsatz, die den Wert ja annimmt, wenn alle erforderlichen Eintragungen gemacht wurden.

```
var $allesklar;
```

Am Anfang der Klasse erfolgt die Deklaration dieser Variablen. Vom Skript des Formulars aus wird sie dann mit der Funktion alles_wie auf ja gesetzt.

```
function alles_wie($janein){
  $this->allesklar=$janein;
}
```

Danach wird vom Formular aus für alle erforderlichen Eingaben die zugehörige Variable an die Funktion stern übergeben, was beispielsweise so aussehen kann:

```
$fm->stern($email);
```

Ist ein Feld leer, enthält die Fehlervariable des Feldes ein rotes Stern-
chen und der Variablen $alsesklar wird der Wert nein zugewiesen.
Ist bereits etwas eingetragen, bekommt die Fehlervariable eine leere
Zeichenfolge zugewiesen. Durch diesen Aufbau behält die Varia-
ble $alsesklar genau dann den Wert ja, wenn alle erforderlichen
Eintragungen gemacht wurden.

```
function stern($element){
    if(empty($element)){
        $element_err="<font color =\"red\"> * </font>";
        $this->alles_wie("nein");
    }else{
        $element_err="";
    }
    return .$element_err;
}
```

Der zurückgegebene Wert $element_err wird dann im Formular bei-
spielsweise mit

```
$email_err=$fm->stern($email);
```

in einer eigenen Variablen gespeichert und an der gewünschten
Stelle angezeigt.

```
<?php echo $email_err ?>
```

## Bereits gemachte Angaben übernehmen

Falls eine Angabe fehlt, bekommt der Benutzer das Formular erneut angezeigt. Damit die bereits gemachten Angaben nicht noch
einmal eingetragen werden müssen, sollen diese übernommen werden. In Kapitel 5 hatten Sie für in einzeiligen Textfeldern gemachte
Eintragungen folgenden Aufbau kennen gelernt.

```
<input type="text" name="email" value="<?php echo $email ?>">
```

Im Fall eines mehrzeiligen Textfeldes gibt es keine value-Eigenschaft.
Hier wird deshalb folgende Schreibweise gewählt.

```
<textarea name="inhalt" wrap="standard" cols="40" rows="5">
<? echo $inhalt ?></textarea>
```

Für Checkboxen und Radiobuttons sieht die Sache etwas anders aus. Hier müssen Sie ein ausgewähltes Element jeweils mit checked kennzeichnen.

```
<input type="radio" name="mitglied" value="ja" checked>Ja<br>
```

Wenn die Variable mit dem Namen des Elements den in value eingetragenen Wert hat, wurde dieses Element ausgewählt. In diesem Fall wird es mit checked() markiert. Die Funktion checked() übernimmt die hierfür erforderliche Prüfung.

```
function checked($element, $wert){
    if($element==$wert){
        $markiert="checked";
    }else{
        $markiert="";
    }
    return $markiert;
}
```

Das Einbinden in das Formular funktioniert dann folgendermaßen:

```
<input type="radio" name="mitglied" value="ja"
    <?php echo $fm->checked($mitglied, "ja") ?>>Ja<br>
```

### Sicherheitsbehandlung der Benutzereingaben

Aus Sicherheitsgründen sollten Sie Benutzereingaben nie direkt übernehmen. Die im Folgenden vorgestellte Funktion für die Klasse soll die Eintragungen der Benutzer zunächst einer speziellen Behandlung unterziehen, bevor eine Übernahme und Weiterverarbeitung erfolgt:

- Entfernen von HTML- und PHP-Code mit strip_tags().
- Für die Anzeige im HTML-Format Umlaute und Sonderzeichen mit htmlentities() in die HTML-Schreibweise umwandeln.
- Am Ende der Zeile hinzugefügte Leerzeichen, Tabulatoren und Zeilenvorschübe mit chop() entfernen.

■ Mit `get_magic_quotes_gpc` prüfen, ob Magic Quotes verwendet wird. Ist dies der Fall, die automatisch hinzugefügten Backslashes mit `stripslashes` entfernen. Dann für den Eintrag in MySQL `mysql_real_escape_string()` ausführen und dabei den Eintrag in einfache Anführungszeichen setzen, sofern es sich nicht um eine Zahl handelt.

Die Funktion `text_check()` erzeugt damit eine Ausgabe im HTML-Format:

```
function text_check($text){
    if(!empty($text)){
        $text=strip_tags($text);
        $text=htmlentities($text);
        $text=chop($text);
        // Bei Magic Quotes stripslashes() ausführen.
        if (get_magic_quotes_gpc()) {
            $text = stripslashes($text);
        }
        // Text in einfache Anführungszeichen setzen.
        if (!is_numeric($text) || $text[0] == '0') {
            $text = "'" . mysql_real_escape_string($text) . "'";
        }
    }
    return $text;
}
```

Für den Mail-Versand ist eine Ausgabe im Textformat erforderlich. Dazu wird die Funktion `text_check2()` ohne `htmlentities` erstellt.

Für die spätere Ausgabe in HTML soll es außerdem eine Funktion `text_in_html()` geben, bei der es vor allem darum geht, bei mehrzeiligen Textfeldern mit `nl2br` Zeilenumbrüche in das HTML-Format umzuwandeln.

### Korrekte Schreibweise der E-Mail-Adresse prüfen

Als weitere Funktion wird noch email_stern zur Überprüfung der formal richtigen Schreibweise der angegebenen E-Mail-Adresse verwendet. Dabei wird ein regulärer Ausdruck zum Vergleich eingesetzt.

```
function email_stern($email){
    if(empty($email)){
        $element_err=$this->error;
        $this->alles_wie("nein");
    }elseif
    (preg_match("/^..+@...+\...+/", $email)){
        $element_err="";
    }else{
        $element_err=$this->error;
        $this->alles_wie("nein");
    }
    return $element_err;
}
```

Diese Funktion kann für E-Mail-Felder als Alternative zur Funktion stern eingesetzt werden.

Die komplette Klasse steht auf *www.comborn.de/mysql* zum Download, nachdem Sie die Info-Nr 10my253m eingegeben haben. Speichern Sie das Skript mit der Klasse bitte im Verzeichnis *verbindung*, in dem auch das Skript mit der Klasse my_zugriff liegt.

## 10.4 Erfassen der Kundenadressen

Die meisten Elemente des Formulars zur Eingabe der E-Mail-Adressen sind schon durch die Überlegungen beim Erstellen der Klasse geklärt. Jetzt geht es eigentlich nur noch darum, alles richtig zusammenzusetzen und dabei die SQL-Befehle zum Erfassen der Angaben unterzubringen.

### Eintrag in zwei Tabellen – mit Transaktion absichern

Um die im Formular erfassten Kundenangaben aufzunehmen, müssen jetzt Eintragungen in zwei Tabellen vorgenommen werden. Zuerst wird der Name und die Mail-Adresse des Kunden in die Tabelle *m_kunden* eingetragen. Dabei wird wieder eine Funktion der Klasse my_zugriff genutzt.

```
$sql="INSERT INTO m_kunden (email, name, mitglied) ";
$sql.="VALUES ('$email', '$name', '$mitglied')";
$db->sql_befehl($sql);
```

Im auto_increment-Feld der Tabelle wird dabei automatisch eine neue Kundennummer angelegt. Sofern ein Thema ausgewählt wurde, muss diese Nummer dann jeweils zusammen mit den Nummern der gewählten Themen in die Tabelle *m_kd_new* eingetragen werden.

```
if(isset($_POST["thema"])){
    foreach($_POST["thema"] as $newsID){
        $sql="INSERT INTO m_kd_new (kdID, newsID)";
        $sql.="VALUES (LAST_INSERT_ID(), $newsID) ";
        $db->sql_befehl($sql);
    }
}
```

Mit LAST_INSERT_ID() wird der zuletzt vergebene auto_increment-Wert ermittelt. Wenn mehrere Benutzer gleichzeitig auf die Datenbank zugreifen, könnte es nun sein, dass direkt nach Ihrem Eintrag in der Tabelle *m_kunden* bereits jemand anderes einen weiteren Eintrag gemacht hat. Mit LAST_INSERT_ID() würden Sie dann also nicht den von Ihnen gesuchten, sondern den vom anderen Benutzer erzeugten Wert erhalten.

Indem Sie den gesamten Vorgang zu einer Transaktion zusammenfassen, sorgen Sie dafür, dass beide Einträge gewissermaßen als Paket erfolgen, ohne dass jemand dazwischenfunken kann. Erst wenn alles geklappt hat, erfolgt die Eintragung. Sollte es bei einem Teil der Transaktion Probleme geben (etwa weil plötzlich die Verbindung zur Datenbank unterbrochen ist), wird keiner der Werte eingetragen. Der Anfang der Transaktion ist mit BEGIN und das Ende mit COMMIT gekennzeichnet. Mit ROLLBACK können Sie bei einem Fehler die bisher gemachten Schritte der Transaktion zurücksetzen. Wie eingangs erwähnt, müssen Sie den Tabellen den Typ InnoDB geben, wenn Sie Transaktionen verwenden möchten.

```
//Beginn der Transaktion
$db->sql_befehl("BEGIN");
...
//Ende der Transaktion
$db->sql_befehl("COMMIT");
```

### Checkboxliste aus Datenbank füllen

Bevor ich im nächsten Abschnitt zum Mailer komme, möchte ich Ihnen noch das Laden der Daten für die Themenliste erläutern. Die eigentliche Abfrage ist ziemlich einfach, aber die Einbindung in das Formular ist nicht ganz ohne.

```
$sql2="SELECT newsID, thema FROM m_newsletter";
$db->sql_befehl($sql2);
while($array2=$db->sql_daten()):
  $newsID=$array2['newsID'];
  $thema_bez=$array2['thema'];
  ?>
  <input type="checkbox"name="thema[<?php echo $newsID ?>]"
   value="<?php echo $newsID?>"
   <?php echo $fm->checked($thema[$newsID], $newsID)?>>
   <?php echo  $thema_bez ?><br>
<?php
endwhile;
?>
```

Für die while-Schleife wurde hier die alternative Schreibweise mit Doppelpunkt und endwhile verwendet, weil es so mit dem dazwischen platzierten HTML etwas besser lesbar ist.

Aus dem aus der Abfrage ermittelten Array werden jeweils die Bezeichnung und die Nummer eines Newsletters in die Variablen

$thema_bez und $newsID geschrieben. Die Bezeichnung wird für die Anzeige im Formular benötigt.

Der Name der Checkboxen (thema [1] etc.) muss mit eckigen Klammern als Array geschrieben werden, damit bei der Formularauswertung die Werte im Array $thema zur Verfügung stehen. In dem Ausdruck

```
<?php echo $fm->checked($thema[$newsID], $newsID)?>
```

wird genau dieses Array ausgewertet, um eine angehakte Checkbox beim erneuten Anzeigen des Formulars wieder angehakt darzustellen. Das komplette Skript ist als *mail_eintrag.php* gespeichert.

### Formular in Webseite einbinden

Haben Sie ein Formular fertig entwickelt, können Sie es ganz einfach in eine beliebige Webseite einbauen. Als Beispiel finden Sie unter den Downloads für dieses Kapitel auch eine leere Webseite der Schreinerei Börner, in die Sie das eben entwickelte Formular einbinden können.

Im Quelltext der Seite *Webseite_leer.htm* ist der Bereich zum Einfügen markiert. Das Ergebnis sollte dann aussehen wie *mail_eintragen_bunt.php* in Bild 10.1 auf Seite 187. Achten Sie darauf, dass Sie den Ordner *Beispielseite* in Ihr Stammverzeichnis kopieren, da sonst die enthaltenen Grafiken nicht angezeigt werden können, und passen Sie gegebenenfalls die Verweise auf die beiden eingebundenen Klassen an. Jetzt, da alles so schön aussieht, macht es Ihnen bestimmt noch mehr Spaß, Kunde zu spielen und ein paar Newsletter zu abonnieren!

## 10.5 Mail-Versand

Beim Mail-Versand können Sie nun auf den zuvor erstellten Datenbestand zugreifen. Das Formular ist wieder nach demselben Prinzip aufgebaut wie das vorherige. Auch jetzt kommen Ihnen die Funktionen der erstellten Klassen zugute. Bei der Beschreibung konzentriere ich mich auf die neuen Aspekte, die dieses Formular mit sich bringt.

### Die »mail«-Funktion

Durch den Einsatz der mail-Funktion ergibt sich für die vorgestellten Sortier- und Gruppiermöglichkeiten von MySQL mit dem Mailer eine praktische Anwendung. Mit der PHP-Funktion mail() können Sie, wie im folgenden Beispiel zu sehen, eine Mail zusammenstellen und verschicken.

```php
<?php
    //Mail zusammenstellen
    $an="empfaenger@mailadresse.de";
    $betreff="Betreffzeile der Mail";
    $mailtext="Inhalt der Mail. Hier folgt ein Text";
    $von="ihre@mailadresse.de";
    $kopie="kopie.an@mailadresse.de";
    $header="From: <$von>\nCc: <$kopie>\n";
    //Mail abschicken
    mail($an, $betreff, $mailtext, $header);
?>
```

Die in $von eingetragene Adresse wird verwendet, wenn der Empfänger der Mail auf ANTWORTEN klickt.

### Der Einsatz im Mailer

Vor dem Abschicken einer Mail muss im Mailer ein Betreff und ein Mailtext eingetragen werden. Die Eintragungen in den beiden Textfeldern werden wieder mit der neu erstellten Funktion text_check() bearbeitet.

```
$betreff=$fm->text_check($betreff);
$mailtext=$fm->text_check($mailtext);
```

Wurden beide Felder ausgefüllt, erfolgt nach dem Klick auf SENDEN der Versand der Mails. Dabei müssen die Adressaten ermittelt werden, auf die die im Formular gemachten Angaben zutreffen.

### Auswahl nach gewählter Vereinsmitgliedschaft

Zum Ermitteln der Adressaten soll der SQL-Befehl SELECT email FROM m_kunden für die Auswahl aller Kunden aus der Tabelle *m_kunden* mit einer entsprechenden WHERE-Bedingung eingeschränkt werden.

Im Formular gibt es für die Frage zur Mitgliedschaft im Verein Splintholzfreunde e. V. drei Auswahlmöglichkeiten. Die Variable $mitglied kann so die Werte "alle", "ja" oder "nein" bekommen. Mit folgendem if-Ausdruck wird die jeweils passende WHERE-Bedingung zusammengestellt.

```
if($mitglied=="alle"){
    $where1="WHERE mitglied='ja' OR mitglied='nein'";
}else{
    $where1="WHERE mitglied='$mitglied'";
}
```

Damit kann der SQL-Befehl wie folgt durch eine WHERE-Bedingung ergänzt werden:

```
SELECT email FROM m_kunden " . $where1;
```

### Abfrage in zwei Tabellen zur Themenberücksichtigung

Ist im Formular kein Thema ausgewählt, ist das Array $thema leer. In diesem Fall soll die Mail an alle zuvor ausgewählten Kunden geschickt werden, das heißt, an dem obigen SQL-Befehl ändert sich in diesem Fall nichts.

```
if(empty($_POST["thema"])){
$sql="SELECT email FROM m_kunden WHERE mitglied=".$mitglied;
}else{
//Hier werden dann die eingetragenen Themen verarbeitet
}
```

Sind hingegen Themen markiert, sollen nur die Kunden ermittelt werden, die sich für die jeweiligen Themen eingetragen haben. Die Datensätze in der Tabelle *m_kd_new* bestehen aus einer Kombination von Kundennummer kdID und der Nummer newsID des gewählten Themas.

Um alle Kunden zu ermitteln, die eines der ausgewählten Themen angegeben haben, werden nur die Kunden aus *m_kunden* ermittelt, deren kdID der kdID aus Tabelle *m_kd_new* entspricht. Wurden beispielsweise die Themen 2 und 4 gewählt, würde die Abfrage wie folgt aussehen.

```
SELECT email FROM m_kunden LEFT JOIN m_kd_new USING(kdID) WHERE
newsID=2 OR newsID=4
```

Die im Formular ausgewählten Themen sind im Array $thema gespeichert. Folgende foreach-Schleife stellt die WHERE-Bedingung aus dem Array $thema zusammen.

```
$or="";//Beim ersten Thema wird kein OR benötigt
    foreach($thema as $auswahl){
        $or_feldbez= $or . " newsID=" . $auswahl;
        $where2.=$or_feldbez;
        $or=" OR";
    }
```

Der SQL-Befehl wird einschließlich $where1 zusammengesetzt und in der oben vorgestellten if-Bedingung eingefügt.

```
$sql=" SELECT email FROM m_kunden LEFT JOIN m_kd_new  USING(kdID)
";
$sql.= $where1 ." AND(". $where2 . ")GROUP BY email";
```

Damit haben Sie jetzt den jeweils richtigen Abfrageausdruck, den Sie nur noch an die Datenbank zu übermitteln brauchen.

### Mails adressieren und abschicken

Die an die Datenbank gesendete Abfrage müssen Sie dann wie gewohnt verarbeiten. Das zurückgegebene Array $array wird dabei in der while-Schleife ausgelesen, wobei die jeweils enthaltene E-Mail-Adresse als Angabe für die mail-Funktion verwendet wird.

```
$db->sql_befehl($sql);
$von="ihre@mailadresse.de";
$header="From: <$von>\n";
while($array=$db->sql_daten()){
    $email=$array['email'];
    $an=$email;
    mail($an, $betreff, $mailtext, $header);
}
```

Damit wird an jeden der ausgewählten Adressaten eine E-Mail verschickt. Zum Abschluss wird mit $fm->erfolg(); die Bestätigungsmeldung angezeigt.

Da Sie vermutlich keinen Mailserver eingerichtet haben, können Sie das ausgewählte Ergebnis auch prüfen, indem Sie mit der sql_in_tabelle-Funktion aus der Klasse my_zugriff eine Auflistung der ausgewählten Adressen in eine Tabelle ausgeben.

```
$db->sql_in_tabelle($sql, "ausgewählte Mailempfänger");
```

## Den Mailer einsetzen

Wollen Sie den Mailer im Internet einsetzen, müssen Sie dafür sorgen, dass er nicht missbräuchlich verwendet wird. Als wichtigste Voraussetzung müssen Sie den bereits erwähnten Verzeichnisschutz einrichten. Wenn Sie, wie im vorgestellten Beispiel, den Selbsteintrag von Mail-Adressen ermöglichen, sollten Sie auch bedenken, ob Sie die eingetragene Adresse zur Kontrolle vor dem Verschicken in einer Tabelle anzeigen lassen.

### Mini-Mailer

Denkbar ist auch eine kleine Lösung. Hierbei könnte der Mailer beispielsweise von den Vorstandsmitgliedern eines Vereins für Mails an die Mitglieder genutzt werden.

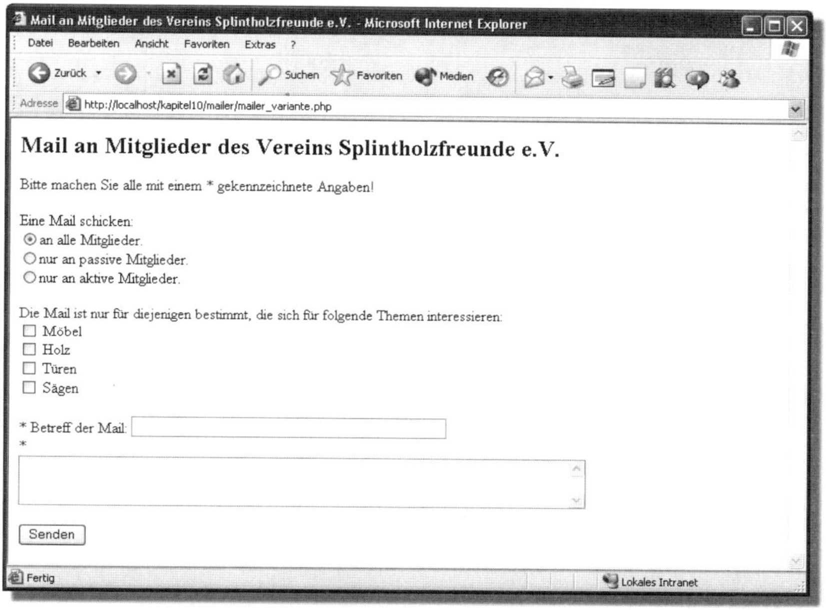

Abb. 10.3: Mailer-Variante für vereinsinterne Mails

Der Adressbestand würde dann nur die Vereinsmitglieder umfassen. Die Auswahl könnte zwischen aktiven und passiven Mitgliedern getroffen werden (siehe Abbildung auf der nächsten Seite).

Es sollte Ihnen leicht fallen, eigene Varianten zu entwickeln. Viel Spaß dabei!

Kapitel 10 – Praxisbeispiel: Mailer

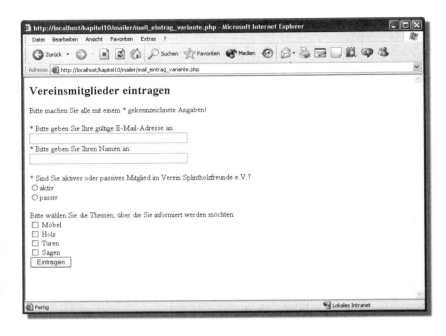

Abb. 10.4: Nur Mitglieder werden eingetragen

# 11 Praxisbeispiel: Online-Shop

*Das lernen Sie in diesem Kapitel:*

- *den Aufbau neuer Funktionen zur Euro-Formatierung, Ganzzahlprüfung und spaltenweise Tabellenausgabe als Ergänzung für die bestehenden Klassen,*

- *den Einsatz von Sessions zur eindeutigen Identifizierung eines (Einkaufs-) Vorgangs und*

- *dabei einen Einsatz der Sessions auch ohne Cookies zu ermöglichen.*

*Aktuelle Infos und Downloads zu diesem Kapitel:*

- *Geben Sie unter* www.comborn.de/mysql *folgende Info-Nr ein:* 11my368t.

## 11.1 Inhaltliche Vorbereitung

Den Online-Shop, den ich Ihnen in diesem Kapitel vorstelle, können Sie leicht an unterschiedliche Einsatzgebiete anpassen. Ich habe bewusst ein Modell gewählt, das auf der einen Seite praxistauglich und auf der anderen Seite einfach genug aufgebaut ist, um Ihnen Anregungen für eigene Varianten zu geben. Wenn Sie auf *www. comborn.de/mysql* die Info-Nr 11my368t eingeben, finden Sie wieder *.sql*-Dateien, die Sie (wie in Kapitel 7 beschrieben) in phpMyAdmin einbinden können, um sich die Tipparbeit zu sparen.

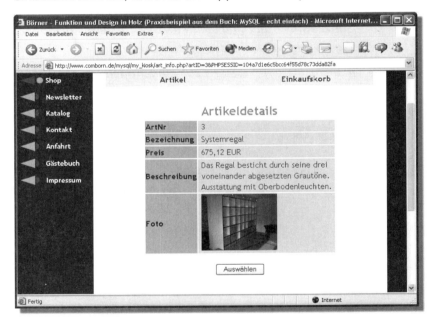

Abb. 11.1: Nicht nur Regale online kaufen

Das Ziel ist relativ klar: Der Online-Shop soll dazu dienen, Geld zu verdienen. Dabei sollen kaufwillige Kunden über den Online-Shop aus einer Reihe von Produkten die gewünschten heraussuchen und direkt bestellen können. Und das 24 Stunden am Tag.

Je nach Produkt müssen Sie sich dann nur noch um die Bearbeitung der eingegangenen Bestellungen kümmern – also zum Beispiel das bestellte Bücherregal verschicken und hoffen, dass der Kunde die mitgeschickte Rechnung bezahlt. Oder umgekehrt muss der Kunde Ihnen vertrauen, dass Sie nach seiner Vorauszahlung das bestellte Regal wirklich und möglichst auch noch termingerecht liefern.

Das mit dem Geld ist zurzeit noch der Knackpunkt aller Online-Shops. Solange es kein allgemein akzeptiertes Online-Zahlungsmittel gibt, wird sich sicherlich auch der Umsatz Ihres Shops in Grenzen halten. Aber wer weiß – vielleicht haben Sie ja jetzt schon die absolute Superidee und zeigen es den Großen, die immer nur jammern, dass sich im Internet kein Geld verdienen lässt.

## Woher stammen die Daten?

Die Angaben zu den angebotenen Produkten wurden von Ihnen vorab in die Datenbank geschrieben. Die potenziellen Kunden können dann über die Shop-Webseite aus diesem Datenbestand Informationen zu den einzelnen Artikeln abfragen. Außerdem müssen bei einer Bestellung natürlich die Adressdaten des Kunden erfasst werden.

## Der Bestellvorgang

Der Bestellvorgang lässt sich in einzelne Teilaufgaben zerlegen, für die PHP-Skripte zu entwickeln sind, die die jeweilige Aufgabe übernehmen werden.

- Der Online-Shop soll eine Artikelliste mit Preisen und Kurzinformationen enthalten (*index.php*).

- Zu jedem Artikel lassen sich Detailinformationen anzeigen (*art_info.php*).

- Ein Artikel kann in den virtuellen Einkaufskorb gepackt werden. Dabei lässt sich die Stückzahl angeben beziehungsweise die bereits im Einkaufskorb vorhandene Stückzahl ändern (*art_pack.php*).

- Der Inhalt des Einkaufskorbes kann aufgelistet werden (*korb.php*). Dabei besteht für die einzelnen Artikel die Möglichkeit zum Ändern der Stückzahl (*art_pack.php*) und zum Entfernen des Artikels aus dem Einkaufskorb (*art_raus.php*).

- Wird die im Einkaufskorb befindliche Auswahl bestellt, soll dabei nach Eingabe einer gegebenenfalls bereits vorhandenen Kundennummer sofort die Aufnahme der Bestellung und die Anzeige der Bestätigungsseite erfolgen (*bestell.php*).

- Erfolgt die Aufgabe der Bestellung ohne Angabe einer Kundennummer, muss der Kunde zunächst die Angaben zur Rechnungsadresse machen (*kunde.php*). Nachdem die Angaben erfasst sind, erfolgt dann die Aufnahme der Bestellung und die Anzeige der Bestätigung inklusive der neu vergebenen Kundennummer (*bestell.php*).

- Beim Abschluss der Bestellung wird automatisch der Einkaufskorb geleert (*bestell.php*). Für eine weitere Bestellung muss er erneut gefüllt werden.

## 11.2 Aufbau der Datenbank

Irgendwo müssen die Angaben zu den Artikeln und die bei der Bestellung anfallenden Daten gespeichert werden. Eine MySQL-Datenbank als Speicherort bietet optimale Möglichkeiten zur Online-Auswertung, wie sie beim Shop gefragt ist. Je mehr Artikel Sie verwalten, desto schwieriger wird es, eine Lösung ohne Datenbank zu realisieren.

## Nach der Normalisierung

Das Aufteilen des Datenbestandes in mehrere Tabellen führt zu folgendem Ergebnis:

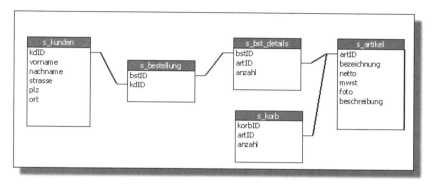

Abb. 11.2: Datenbankschema

Dabei diente die in Kapitel 6 vorgestellte Normalisierung als Orientierung. Der Kundenstamm wird in der Tabelle *s_kunden* zusammengefasst und die Angaben zu den Artikeln in der Tabelle *s_artikel*. Auf eine Auslagerung des Preises wird verzichtet.

Neben diesen so genannten Stammdaten werden die bei der Bestellung anfallenden Bewegungsdaten auf die Tabellen *s_bestellung* und *s_bst_details* aufgeteilt.

### Die Tabelle »s_korb« als Einkaufskorb

Die Tabelle *s_korb* entspricht praktisch der Tabelle *s_bst_details*, nur dass noch keine Bestellnummer bstID erfasst wurde. Als eindeutiges Kennzeichen dient hier die automatisch vergebene Session-ID, die als korbID gespeichert wird.

Der Vorteil dieses Aufbaus besteht darin, dass die Tabelle *s_korb* damit tatsächlich als virtueller Einkaufskorb fungiert. In ihr lassen sich Artikel hinzufügen und entfernen, ohne dass dafür eine neue

Bestellnummer aufgenommen werden muss. Die Bestellnummer wird erst vergeben, wenn auch wirklich bestellt wird.

### Die Tabelle »s_kunden«

Eine wichtige Angabe bei der Aufnahme einer Bestellung ist die Kundennummer. Sie wird im Feld kdID gespeichert, das als Primärschlüssel mit auto_increment definiert ist. Beim Eintrag der Angaben für einen neuen Kunden wird die kdID automatisch vergeben.

### Die zentrale Tabelle »s_bestellung«

In der Tabelle *s_bestellung* ist die Bestellnummer bstID als Primärschlüssel mit auto_increment festgelegt. Wenn hier eine Kundennummer kdID eingetragen wird, wird eine neue Bestellnummer erzeugt.

### Die Tabelle »s_bst_details«

Für jeden ausgewählten Artikel wird dann eine Kombination aus Artikelnummer artID, Bestellnummer bstID und gewählter anzahl in der Tabelle *s_bst_details* gespeichert.

### Die Tabelle »s_artikel«

Über die Artikelnummer artID besteht schließlich die Verknüpfung zur Tabelle *s_artikel* mit den Informationen zu den einzelnen Artikeln. Das Feld artID ist hier Primärschlüssel mit auto_increment.

## Datentypen festlegen

Die Primärschlüssel und das Feld mwst haben den Datentyp INT, das Feld netto hat den Datentyp Decimal. Hier wird der Nettopreis in Euro und der Mehrwertsteuersatz als 16 beziehungsweise 7 angegeben. Alle anderen Felder haben den Typ varchar in unterschiedlicher Größe.

## Tabellentyp wählen

Wie im letzten Kapitel auch, soll für die Tabellen des Shop-Beispiels der Tabellentyp InnoDB zum Einsatz kommen, um damit Transaktionen zu ermöglichen.

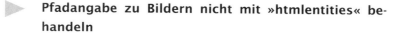

> **Pfadangabe zu Bildern nicht mit »htmlentities« behandeln**
>
> In der Tabelle *s_artikel* sind die Pfadangaben zu den Bildern in der HTML-Schreibweise angegeben. Werden die Angaben in einem Formular erfasst, dürfen sie vor dem Eintrag in die Datenbank nicht mit der Funktion htmlentities() umgewandelt werden, da sonst später nach dem Auslesen aus der Datenbank und Anzeigen auf einer Webseite nicht das Bild, sondern der HTML-Text erscheinen würde.

# 11.3 Erweiterungen für die Klassen

Zu den beiden unter *my_zugriff.inc.php* und *my_form.inc.php* gespeicherten PHP-Klassen my_zugriff und my_form sollen ein paar Ergänzungen hinzugefügt werden.

## Preise automatisch in Euro formatieren

Die Ausgabe der Artikelliste soll in Tabellenform erfolgen, wobei die Preisspalten automatisch im Währungsformat Euro erscheinen sollen. Dazu definieren Sie in der Klasse my_zugriff zunächst eine neue Funktion format_euro(), die die übergebene Zahl mit der schon aus Kapitel 3 bekannten PHP-Funktion number_format() formatiert.

```
function format_euro($zahl){
    if(isset($zahl)){
        $euro=number_format($zahl,2,',',',','.') ." EUR";
    }
    return $euro;
}
```

Im nächsten Schritt wird die bereits definierte Funktion sql_in_tabelle() erweitert. Ihr können jetzt neben SQL-Befehl und Tabellentitel auch optional die Namen zweier Spalten übergeben werden, die als Preis formatiert werden sollen.

```
function sql_in_tabelle($sql, $tab_titel="", $preis1=" ", $preis2
=" ")
```

Innerhalb der Funktion sorgt die folgende if-Bedingung für die Ausgabe der Preisspalten mit Komma statt Punkt, zwei Nachkommastellen und der Währungsangabe EUR.

```
if($field_name==$preis1 OR $field_name==$preis2){
    $format_euro=$this->format_euro($zeile[$spalte]);
    echo "<td align=\"right\"> ". $format_euro .
        " </td>";
}else{
    echo "<td> ". ($zeile[$spalte]) . " </td>";
}
```

## Einzelne Datensätze in Spaltenform

Als Variante zur Ausgabe in Tabellenform soll für einzelne Datensätze die Ausgabe in vertikaler Spaltenform möglich sein (siehe Bild 11.1 auf Seite 206). Auch hier können wieder zwei Felder als Preis formatiert werden.

```
function sql_in_spalte($sql, $tab_titel="", $preis1=" ", $preis2="
"){
if(!empty($sql)){
    //Gegebenenfalls angegebene Überschrift ausgeben
    if(!empty($tab_titel)){
        echo "<br><b><font size=\"+2\" color=\"#999999\">";
```

```
      echo htmlentities($tab_titel);
      echo "</font></b><br>\n";
   }
   //Zum Ausführen des Befehls Funktion sql_befehl aufrufen
   $this->sql_befehl($sql);
   $datensatz=$this->sql_daten();
   echo "<table border=\"0\"><tr>";
   $zeilen_anz=mysql_num_fields($this->sql_result);
   //Zeilen füllen
   for($zeile=0; $zeile<$zeilen_anz; $zeile++){
    //nur anzeigen, wenn Eintrag im Feld steht
    if(!empty($datensatz[$zeile])){
     $field_name=mysql_field_name($this->sql_result, $zeile);
      echo "<tr bgcolor=\"#DDDDDD\" align=\"left\">";
      echo "<td bgcolor=\"#BBBBBB\"><b>\n";
      echo $field_name;
      echo "</b></td>";
      if($field_name==$preis1 OR $field_name==$preis2){
       $format_euro=$this->format_euro($datensatz[$zeile]);
       echo "<td> ". $format_euro . " </td>";
      }else{
       echo "<td> ". $datensatz[$zeile] . " </td>";
      }
      echo "</td></tr>\n";
    }
   }
   echo "</table>\n";
 }
}
```

## Ganzzahlprüfung

Bei der Angabe der Stückzahl der ausgewählten Artikel soll überprüft werden, ob es sich bei der Eingabe um eine Ganzzahl größer als Null handelt. Folgende Funktion wird dazu zur Klasse my_form hinzugefügt. Mit $zahl=abs((integer)$zahl); wird die Variable in eine positive Ganzzahl umgewandelt. Ist dies nicht möglich, weil beispielsweise Buchstaben eingegeben wurden, ist der Rückgabewert 0, was true bei der Prüfung mit empty ergibt.

```
function ganzzahl_check($zahl, $standard=1){
$ganzzahl=abs((integer)$zahl);
if(empty($ganzzahl)){
    $zahl=$standard;
    $this->alles_wie("nein");
}
return $zahl;
}
```

Auch zur Überprüfung der eingegebenen Postleitzahl können Sie diese Funktion einsetzen.

## 11.4 Prinzipieller Aufbau

Die einzelnen Skripte laden über include den in *header.inc.php* enthaltenen Seitenkopf und den in *footer.inc.php* enthaltenen Seitenfuß. Innerhalb dieses Rahmens sind dann noch für oben und unten jeweils ein Balken in HTML definiert, die ebenfalls per include eingebunden werden.

Diese beiden Dateien *header.inc.php* und *footer.inc.php* enthalten je die obere beziehungsweise untere Hälfte einer Webseite. Ich habe dafür wieder die schon aus dem letzten Kapitel bekannte Seite verwendet. Diesmal wird also nicht das Skript in die Seite eingebaut, sondern die Seite in besagte zwei Teile zerlegt, gespeichert und wieder eingebunden.

### An Ihre Webseite anpassen

Wenn Sie also eine Webseite Ihrer Wahl entsprechend aufteilen, können Sie den Shop problemlos an Ihren Rahmen anpassen. Dazu müssen Sie lediglich die Dateien *header.inc.php* und *footer.inc.php* austauschen. Auf *www.comborn.de/mysql* finden Sie nach Eingabe der Info-Nr 11my368t mit *my_kiosk* die auf den Bildern zu sehende Version und mit *my_kiosk_pur* eine schmucklose Variante.

## Verbindung der Skripte

Die Skripte sind teilweise durch include miteinander verbunden. Beachten Sie dabei, dass das erneute Einbinden einer bereits in einem Skript eingebundenen Klasse nicht möglich ist. Deshalb bekommt die Variable $eingebunden den Wert ja zugewiesen, wenn das nachfolgende Skript nur eingebunden ist.

```
$eingebunden="ja";
include ("korb.php");
```

In Abhängigkeit davon wird im aufgerufenen Skript dann der Block mit den include-Befehlen ausgeführt oder nicht.

```
if(!isset($eingebunden)){
  $titel="MyKiosk";
  include("layout/header.inc.php");
  include("layout/oben.inc.php");
  include("../verbindung/my_zugriff.inc.php");
  include("../verbindung/my_form.inc.php");
}
```

Außerdem soll kein Direktaufruf der Skripte möglich sein. Dazu werden Kriterien wie beispielsweise eine zu übergebende Variable abgefragt. Ist das Kriterium nicht erfüllt, erfolgt zur Beendigung die Verzweigung zum Skript *stop.php*.

```
if(!isset($artID)){
  include("stop.php");
  exit;
}
```

Die übergebenen Variablen wurden in der Form $beispiel=$_POST["beispiel"] aus den Arrays $_POST, $_GET und $_REQUEST übernommen.

### Die Session-ID

In den einzelnen Skripten ist die Funktion session_start() eingefügt. Damit bekommt der Aufrufer der Seite bei seiner Einkaufstour eine eindeutige Kennung zugewiesen. Diese Kennung gilt für die ganze

Sitzung (engl: session). Das davor gesetzte @ sorgt für die Unterdrückung möglicher Fehlermeldungen. Die Funktion session_start() prüft, ob bereits eine ID vergeben wurde. Ist dies der Fall, wird sie übernommen. Ist dies nicht der Fall, wird eine Session-ID erstellt. Damit ist dem Kunden eindeutig ein Warenkorb zugeordnet. Nach Abschluss der Bestellung erfolgt die Löschung der Session-ID.

Falls Sie in Ihrer Testumgebung Warnmeldungen bei der Verwendung von Sessions erhalten, überprüfen Sie bitte die im Windows-Verzeichnis abgelegte *php.ini*. Hier suchen Sie die Pfadangabe session.save_path = "C:\php\session", wobei bei Ihnen auch ein anderer Pfad eingetragen sein kann. Wichtig ist, dass das entsprechende Verzeichnis existiert und Sie die nötigen Zugriffsrechte haben.

## 11.5 Artikelübersicht anzeigen

Zum Anzeigen der Übersicht über die angebotenen Artikel wird folgender SQL-Befehl an die Datenbank übermittelt. Dabei kommt die überarbeitete Funktion sql_in_tabelle() zum Einsatz.

```
$sql="SELECT artID AS 'ArtNr', ";
$sql.="CONCAT('<a href=\"art_info.php?artID=', artID,'\">',
bezeichnung
,'<a>') AS 'Bezeichnung',";
$sql.="(netto+(netto*mwst/100)) AS 'Preis',";
$sql.=" CONCAT('<a href=\"art_pack.php?artID=',
artID,'\">ausw&auml;hlen<a>') AS '' FROM s_artikel";
$db->sql_in_tabelle($sql, 'Artikelübersicht', 'Preis');
```

Mit (netto+(netto*mwst/100)) AS 'Preis' wird der aus Nettowert und Mehrwertsteuer berechnete Preis unter dem Alias Preis gespeichert. In der letzten Zeile wird Preis dann als Name einer Spalte übergeben, die im Euro-Format erscheinen soll. Wie Sie im folgenden Bild sehen, wird der mit CONCAT zusammengesetzte Ausdruck als Link angezeigt. Mit einem Klick hierauf landet der entsprechende Artikel im Einkaufskorb.

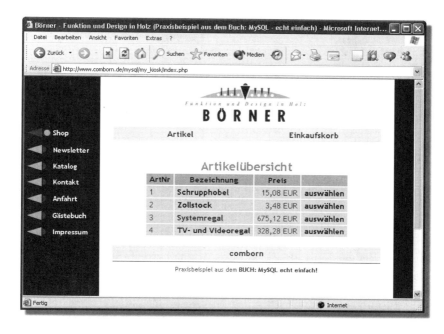

Abb. 11.3: Die zur Auswahl stehenden Artikel

## 11.6 Artikeldetails anzeigen

Nach Klick auf den Namen des Artikels zeigt das Skript *art_info.php*
Detailangaben des Artikels (siehe Bild 11.3). Hierbei wird die neue
Funktion sql_in_spalte() genutzt.

```
$sql="SELECT artID AS 'ArtNr', ";
$sql.="bezeichnung AS 'Bezeichnung', ";
$sql.="(netto+(netto*mwst/100)) AS 'Preis', ";
$sql.="beschreibung AS 'Beschreibung',";
$sql.="foto AS 'Foto' ";
$sql.="FROM s_artikel ";
$sql.="WHERE artID=".$artID;
$db->sql_befehl($sql);
$array=$db->sql_in_spalte($sql, "Artikeldetails", "Preis");
```

Die Übergabe an das Skript *art_pack.php* durch Klick auf EINPACKEN erfolgt mit einem Formular.

```
<form action="art_pack.php" method="post">
<input type="submit" name="form_ab" value="Einpacken">
<input type="hidden" name="artID" value="<?php echo $artID?>">
</form>
```

## 11.7 Stückzahl wählen

Die Eingabeprüfung für die Stückzahl erfolgt nach dem aus dem letzten Kapitel bekannten Prinzip. Die Kurzanzeige mit Angaben zum Artikel wird entsprechend des oben vorgestellten SQL-Befehls erzeugt (siehe Abbildung auf der nächsten Seite).

Sind von diesem Artikel bereits weitere im Einkaufskorb vorhanden, soll deren Anzahl als Vorauswahl im Feld zur Stückzahleingabe eingetragen sein.

```
$sql2="SELECT SUM(anzahl) AS 'summe' FROM s_korb ";
$sql2.="WHERE korbID = '" . session_id() . "' ";
$sql2.="AND artID = '$artID' ";
$db->sql_befehl($sql2);
$datensatz=$db->sql_daten();
$bestand=0;
if(isset($datensatz)){
  $anzahl=$datensatz["summe"];
  $bestand=$anzahl;
  if($anzahl==0)$anzahl=1;
}
?>
<form action="<?php echo $_SERVER['PHP_SELF']?>" method="post">
<input type="text" name="anzahl" size="2" maxlength="2"
value="<?php echo $anzahl ?>" >  St&uuml;ck <br><br>
<input type="submit" name="form_ab" value="Einpacken">
<input type="hidden" name="artID" value="<?php echo $artID ?>">
<input type="hidden" name="bestand" value="<?php echo $bestand
?>">
</form>
```

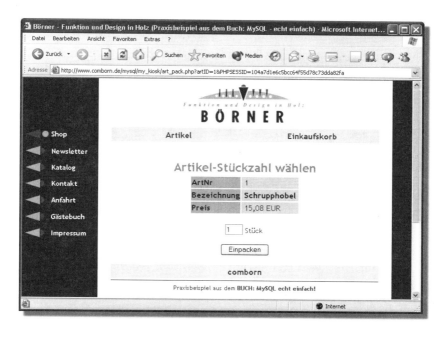

Abb. 11.4: Formular zum Ändern der Stückzahl

Das eigentliche Eintragen der Artikel in den Einkaufskorb erfolgt erst
nach der Gültigkeitsprüfung. Hierbei wurde getestet, ob der Eintrag
eine positive Ganzzahl größer Null ist.

```
elseif(($fm->allesklar=="ja")AND(isset($POST["form_ab"]))):
  //Gewählte Anzahl Artikel in Einkaufskorb packen
  $sql3="UPDATE s_korb SET anzahl = $anzahl ";
  $sql3.="WHERE korbID = '" . session_id() . "' ";
  $sql3.="AND artID = $artID";
  $result=$db->sql_befehl($sql3);
  /*Falls keine Eintragung erfolgt ist, muss ein neuer Datensatz
angelegt werden*/
  if($bestand==0){
    $sql4="INSERT INTO s_korb (korbID, artID, anzahl) ";
    $sql4.="VALUES ('".session_id()."', $artID, $anzahl)";
    $db->sql_befehl($sql4);
  }
```

## 11.8 Einkaufskorb anzeigen

Bevor im Skript *korb.php* der Einkaufskorb erscheint, erfolgt eine Prüfung, ob überhaupt ein Artikel enthalten ist.

```
$sql1="SELECT korbID FROM s_artikel ";
$sql1.="LEFT JOIN s_korb USING (artID) ";
$sql1.="WHERE korbID='" . session_id() . "' ";
$result=$db->sql_befehl($sql1);
$anz_daten = mysql_num_rows($result);
if(($anz_daten > 0) AND (!isset($_POST["form_ab2"]))):
include("korb_inhalt.inc.php");
```

Ist dies der Fall, wird das Skript *korb_inhalt.inc.php* eingebunden. Dort erfolgt die Zusammenstellung der Abfrage für die Anzeige des Inhalts.

```
$sql1="SELECT t1.artID AS 'ArtNr', ";
 $sql1.="CONCAT('<a href=\"art_info.php?artID=', t1.artID,'\">',
bezeichnung ,'<a>') AS 'Bezeichnung',";
 $sql1.="(netto+(netto*mwst/100)) AS 'St&uuml;ck-Preis',";
 $sql1.="SUM(anzahl) AS 'Anzahl', ";
 $sql1.="(SUM(netto+(netto*mwst/100))*anzahl) AS 'Gesamt-Preis
 ',";
 $sql1.=" CONCAT('<a href=\"art_pack.php?artID=', t1.artID,
'\">St&uuml;ckzahl korrigieren<a>') AS '', ";
 $sql1.=" CONCAT('<a href=\"art_raus.php?artID=', t1.artID,
  '\">Aus Korb entfernen<a>') AS ' ' ";
 $sql1.="FROM s_artikel t1 LEFT JOIN s_korb t2 USING (artID) ";
 $sql1.="WHERE t2.korbID='" . session_id() . "' ";
 //Gruppierung, damit wiederholter Seitenaufruf kein Chaos macht
 $sql1.="GROUP BY t1.artID";
 $result=$db->sql_befehl($sql1);
 $db->sql_in_tabelle($sql1, 'Ihre Auswahl im Einkaufskorb',
'Gesamt-Preis', 'St&uuml;ck-Preis');
```

In der Abfrage werden wieder mit CONCAT Links zusammengesetzt, die zum Löschen der Artikel oder zum Ändern der Stückzahl verzweigen.

**Gruppieren gegen doppelte Einträge**

Wenn ein Kunde nach der Übernahme eines Artikels in den Einkaufswagen auf AKTUALISIEREN drückt, wird der Skriptaufruf erneut ausgeführt und ein neuer Datensatz erstellt. Wenn Sie den obigen SQL-Befehl ohne Gruppierung anlegen, erscheinen hierbei doppelte Einträge für ein und denselben Artikel im Einkaufskorb. Durch die Gruppierung lässt sich dies vermeiden.

Der gesamte Wert aller aufgeführten Artikel wird wie folgt ermittelt.

```
$sql2="SELECT SUM((netto+(netto*mwst/100))*anzahl) AS
    'bestellwert'";
$sql2.="FROM s_artikel t1 LEFT JOIN s_korb t2 USING (artID) ";
$sql2.="WHERE korbID='" . session_id() . "' ";
$result=$db->sql_befehl($sql2);
$datensatz=$db->sql_daten();
$bestellwert=$datensatz['bestellwert'];
$bestellwert=$db->format_euro($bestellwert);

echo "<br>Der Gesamtwert der Waren betr&auml;gt ";
echo $bestellwert."<br>";
```

Im Skript *korb.php* erfolgt die Prüfung der Kundennummer.

```
if(empty ($_REQUEST["kdID"])){
    $eingebunden="ja";
    include ("kunde.php");
}else{
    //prüfen
    $sql2="SELECT kdID FROM s_kunden ";
    $sql2.="WHERE kdID='$kdID'";
    $result2=$db->sql_befehl($sql2);
    $anz_kdID = mysql_num_rows($result2);
    if($anz_kdID==0){
        //Wenn falsche kdID dann zu kunde.php
        $eingebunden="ja";
        include ("kunde.php");
    }else{
```

```
    //Wenn richtige kdID dann Bestellung aufnehmen
    $eingebunden="ja";
    include ("bestell.php");
    exit;
  }
}
```

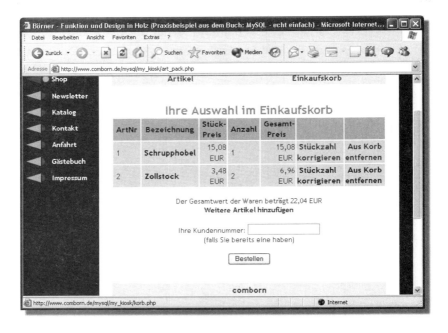

Abb. 11.5: Mit bekannter Kundennummer direkt bestellen

Wurde keine oder eine falsche Kundennummer eingetragen, erfolgt die Verzweigung zum Skript *kunde.php*. Mit gültiger Kundennummer geht es direkt zum Skript *bestell.php*.

## 11.9 Kundendaten erfassen

Beim Erfassen der Kundendaten erfolgt die Prüfung nach dem bekannten Muster.

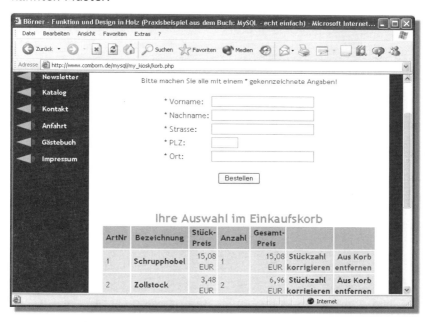

Abb. 11.6: Angaben für die Rechnungsadresse

Die folgende Eintragung in die Tabelle *s_kunden* ist in einer Transaktion zusammengefasst, um so auf jeden Fall den richtigen Wert der zuletzt eingetragenen kdID zu ermitteln.

```
//Beginn der Transaktion
$db->sql_befehl("BEGIN");
$sql="INSERT INTO s_kunden (vorname, nachname, strasse,
    plz, ort) ";
 $sql.="VALUES ('$vorname', '$nachname',";
 $sql.="'$strasse', '$plz', '$ort')";
 $db->sql_befehl($sql);
 //kdId ist der zuletzt eingetragene auto_increment-Wert
 $kdID=mysql_insert_id();
 //Bestellung aufgeben
```

223

```
//Ende der Transaktion
$db->sql_befehl("COMMIT");
  $eingebunden="ja";
  include ("bestell.php");
```

Am Ende wird zum Skript *bestell.php* verzweigt.

## 11.10 Bestellung verarbeiten

Das Skript *bestell.php* listet zu Beginn den Inhalt des Einkaufskorbes auf, jetzt allerdings ohne Links.

```
$sql1="SELECT t1.artID AS 'ArtNr', ";
$sql1.=" bezeichnung AS 'Bezeichnung',";
$sql1.="(netto+(netto*mwst/100)) AS 'St&uuml;ck-Preis',";
$sql1.="SUM(anzahl) AS 'Anzahl', ";
$sql1.="(SUM(netto+(netto*mwst/100))*anzahl) AS 'Gesamt-Preis'";
$sql1.="FROM s_artikel t1 LEFT JOIN s_korb t2 USING (artID) ";
$sql1.="WHERE t2.korbID='" . session_id() . "' ";
$sql1.="GROUP BY t1.artID";
$result=$db->sql_befehl($sql1);
```

Die Rechnungsadresse wird in Spaltenform angezeigt.

```
$sql5="SELECT kdID AS 'Ihre Kunden-Nummer', ";
$sql5.=" vorname AS 'Vorname', ";
$sql5.=" nachname AS 'Nachname',";
$sql5.=" plz AS 'PLZ',";
$sql5.=" ort AS 'Ort',";
$sql5.=" strasse AS 'Stra&szlig;e'";
$sql5.="FROM s_kunden ";
$sql5.="WHERE kdID='$kdID' ";
$db->sql_befehl($sql5);
$db->sql_in_spalte($sql5, 'Ihre Rechnungsadresse');
```

Das Eintragen der Daten ist wieder in einer Transaktion zusammengefasst. Die Transaktion ist eingegrenzt durch BEGIN und COMMIT.

Am Anfang der Transaktion wird zunächst die Kundennummer in *s_bestellung* eingetragen.

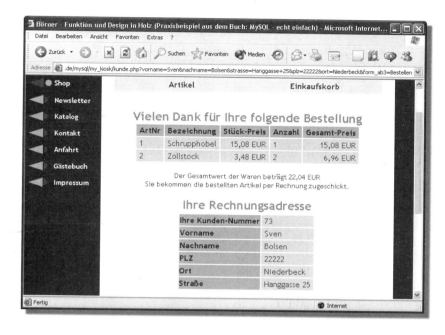

Abb. 11.7: Bestätigung für die Bestellung

```
//Beginn der Transaktion
$db->sql_befehl("BEGIN");
$sql3="INSERT INTO s_bestellung (bstID, kdID)";
$sql3.="VALUES (NULL, '$kdID')";
$db->sql_befehl($sql3);
```

Die dabei erstellte Bestellnummer bstID wird im nächsten Schritt in die Tabelle *s_bst_details* eingetragen.

```
$sql4="INSERT INTO s_bst_details (bstID, artID, anzahl)";
$sql4.="SELECT LAST_INSERT_ID(), artID , anzahl   ";
$sql4.="FROM s_korb ";
$sql4.="WHERE korbID='" . session_id() . "' ";
$db->sql_befehl($sql4);
...
//Ende der Transaktion
$db->sql_befehl("COMMIT");
```

Am Ende werden die unter der Session-ID gespeicherten Einträge aus *s_korb* gelöscht und die Session-ID wird zerstört. Falls das Skript mit AKTUALISIEREN erneut aufgerufen wird, ist also kein auszuwertender Datenbestand mehr da.

Je nachdem, von welchem Skript aus *bestell.php* per include eingebunden wurde, würde beim Aktualisieren das Skript *kunde.php* oder *korb.php* erneut ausgeführt. Hier wird dann bei leerem Korbinhalt lediglich ein entsprechender Hinweis angezeigt. Im Skript *kunde.php* sieht das folgendermaßen aus:

```
$sql1="SELECT korbID FROM s_artikel ";
$sql1.="LEFT JOIN s_korb USING (artID) ";
$sql1.="WHERE korbID='" . session_id() . "' ";
$result=$db->sql_befehl($sql1);
$anz_daten = mysql_num_rows($result);
//Wenn nicht, dann leeren Korb anzeigen
if($anz_daten==0){
    $eingebunden="ja";
    include("korb.php");
    exit;
}
```

# 11.11 Ihr Shop

Wenn Ihnen anhand des vorliegenden Beispiels der prinzipielle Aufbau eines Shops klarer geworden ist, möchten Sie vielleicht gerne Ihren eigenen Shop ins Internet stellen.

Bevor Sie Ihren Shop zur Nutzung freigeben, sollten Sie die in Kapitel 8 in die Klasse my_zugriff integrierte Fehlerbehandlung anpassen. Dazu ersetzen Sie in der fehler-Funktion die Ausgabe der Fehlermeldungen und -nummern durch einen neutralen Text.

## Shopnutzung auch ohne Cookies

Die Übertragung der Session-ID von einem Skript zum andern funktioniert nur, wenn der Käufer im Browser Cookies nicht deaktiviert hat. Von daher empfiehlt es sich, einen Hinweis auf Ihrer Shop-Seite unterbringen, dass für die Nutzung Cookies aktiviert sein müssen. Sie haben aber auch die Möglichkeit, Ihre Skripte so zu ergänzen, dass sie auch ohne Cookies lauffähig sind.

Um dies zu erreichen, übergeben Sie Namen und Wert der Session-ID bei jedem(!) Aufruf eines anderen Skripts mit zu. Bei der Übergabe in einem Formular könnte das wie folgt aussehen.

```
<input type="hidden" name="<?php echo session_name()?>"
  value=<?php echo session_id()?>">
```

In einem Link schreiben Sie stattdessen:

```
<a href="kunde.php?<?php echo session_name(). "=".session_id()?>">
```

Ein Verzeichnis mit den entsprechend überarbeiteten Skripten des Shops finden Sie auf *www.comborn.de/mysql* nach Eingabe der Info-Nr 11my368t.

## Was kommt nach MyKiosk?

Ich hoffe, dass Sie dieses Beispiel motiviert, weiter mit MySQL zu arbeiten. Vielleicht haben Sie dann schon bald aus dem vorliegenden MyKiosk-Beispiel einen MySupermarkt gemacht!

# 12 MySQL mit Access ansprechen

*Das lernen Sie in diesem Kapitel:*

- *Sie erfahren, wie Sie eine so genannte ODBC-Verbindung zwischen Access und MySQL einrichten,*

- *wie Sie dann von Access aus Ihre MySQL-Tabellen abfragen und*

- *wie Sie die Tabellen aus einer Access-Datenbank nach MySQL übertragen können.*

*Aktuelle Infos und Downloads zu diesem Kapitel:*

- *Geben Sie unter* www.comborn.de/mysql *folgende Info-Nr ein:* 12my743n.

## 12.1 Stichwort ODBC

ODBC steht für »Open Data Base Connectivity« und sorgt an der Schnittstelle zwischen Access und einem anderen Datenbanksystem für die Übersetzung der unterschiedlichen Datenbankformate. Mit einem entsprechenden ODBC-Treiber für MySQL lässt sich so auch eine Verbindung zwischen Access und MySQL herstellen. Der Treiber läuft sinnigerweise unter der Bezeichnung MyODBC.

## 12.2 Möglichkeiten und Grenzen

Wenn Sie Access kennen, haben Sie jetzt die Möglichkeit, über die vertraute Oberfläche auch Ihre MySQL-Datenbank zu pflegen. Dem damit verbundenen Komfort stehen aber auch einige Einschränkungen gegenüber.

### Sprachunterschiede

Zwischen Access und MySQL gibt es eine Reihe von Unterschieden, die den Austausch erschweren.

- Beim Import oder Export machen einige nicht miteinander kompatible Datentypen Probleme. So sollten Sie beispielsweise in MySQL Fließkommazahlen mit dem Typ double und nicht als float-Zahl speichern.

- Die in Access gegebenen Möglichkeiten zur Verknüpfung von Tabellen und zum Herstellen der referentiellen Integrität gehen bei der Übertragung nach MySQL wieder verloren.

- Da sich beide SQL-Dialekte nicht genau an den ANSI-Standard halten, kann es sein, dass Sie nach der Übertragung von SQL-Befehlen auf das jeweils andere Programm von Hand nachbessern müssen.

## Kaum Provider mit ODBC-Zugang

Um von Access über die ODBC-Schnittstelle auf eine MySQL-Tabelle zugreifen zu können, muss natürlich eine entsprechende Verbindung bestehen. Von den meisten Providern wird der Zugriff auf im Internet liegende MySQL-Datenbanken von außerhalb nicht unterstützt. Damit scheidet dann auch die Möglichkeit zur Administration mit dem auf Ihrem Rechner vorhandenen Access aus.

# 12.3 ODBC-Treiber installieren

Für die Installation können Sie den ODBC-Treiber MySQL Connector/ODBC von *http://dev.mysql.com/downloads* als MSI-Datei herunterladen. Im Folgenden ist die Installation mit der MSI-Version beschrieben.

▶ 1    Starten Sie mit Doppelklick auf die MSI-Datei das Installationsprogramm. Wählen Sie dabei die Option TYPICAL für eine Standardinstallation.

▶ 2    Nach Abschluss der Installation öffnen Sie die Windows-Systemsteuerung und doppelklicken dort unter VERWAL-TUNG auf das ODBC-Symbol. Bei Win 9x finden Sie den Eintrag direkt in der Systemsteuerung.

▶ 3    Dort klicken Sie auf das Registerblatt SYSTEM–DSN. DSN steht für »Data Source Name« und meint den Datenquellen-Namen. Alternativ können Sie auch zu BENUTZER–DSN wechseln, um eine Verbindung nur für den angemeldeten Benutzer einzurichten (siehe Abbildung 12.1 auf der nächsten Seite).

▶ 4    Nach Klick auf HINZUFÜGEN wählen Sie MySQL aus der Liste der Treiber und klicken dann auf FERTIG STELLEN (siehe Abbildung 12.2 auf der nächsten Seite).

echt einfach – **MySQL**

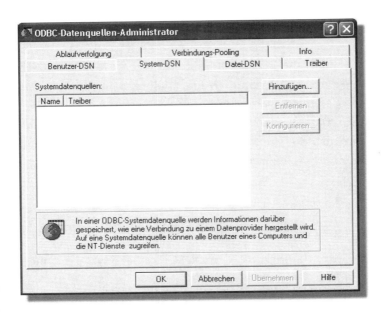

Abb. 12.1: Hier fügen Sie den neuen Treiber hinzu

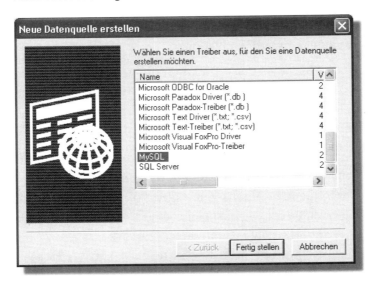

Abb. 12.2: Den Eintrag MYSQL wählen

▶ 5 Ist mit den von Ihnen gemachten Angaben ein Verbindungsaufbau zum MySQL-Server möglich, können Sie unter DATABASE eine der zur Verfügung stehenden Datenbanken auswählen. Zu dieser Datenbank wird dann die
ODBC-Verbindung hergestellt. Mit Klick auf TEST können
Sie ausprobieren, ob der Verbindungsaufbau klappt.

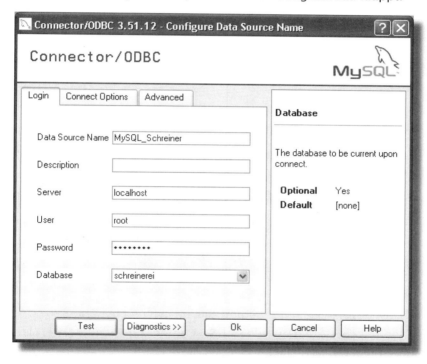

Abb. 12.3: Die Verbindung zur Datenbank *schreinerei* wird angelegt

▶ 6 Auf der Registerkarte ADVANCED können Sie weitere Einstellungen vornehmen. Unter FLAGS1 markieren Sie das
Kontrollkästchen RETURN MATCHING ROWS. Diese Angabe ist für Access erforderlich. Unter FLAGS 2 markieren Sie DONT PROMPT ON CONNECT. Damit stellen Sie ein,
dass das Dialogfeld nicht bei jedem Aufruf angezeigt
wird.

Kapitel 12 – MySQL mit Access ansprechen

233

Nachdem Sie Ihre Angaben mit OK gespeichert haben, wird ein neuer DSN-Eintrag in die Liste aufgenommen.

▶ 7 Schließen Sie das Dialogfeld mit OK. Für den Zugriff auf unterschiedliche MySQL-Datenbanken können Sie auf dem beschriebenen Weg mehrere DSN-Einträge erstellen.

## 12.4 Tabellenimport als Testlauf

Zum Testen der neuen Verbindung öffnen Sie eine Access-Datenbank oder Sie legen eine neue an.

▶ 1 Danach wählen Sie den Menübefehl DATEI / EXTERNE DATEN / IMPORTIEREN.

▶ 2 Im folgenden Dialogfeld IMPORTIEREN wählen Sie ODBC-Datenbanken() als Datentyp.

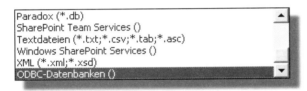

Abb. 12.4: Datentyp für die Verbindung wählen

▶ 3 Anschließend wählen Sie im nächsten Dialogfeld den von Ihnen erstellten DSN-Eintrag auf dem Registerblatt COMPUTERDATENQUELLE (siehe Abbildung auf der nächsten Seite).

Falls es Probleme beim Verbindungsaufbau gibt, erscheint stattdessen das Dialogfeld aus 12.3 auf der vorherigen Seite, diesmal mit einer Fehlermeldung.

Abb. 12.5: Hier wählen Sie Ihre zuvor erstellte DSN

▶ 4    Wird die Verbindung richtig aufgebaut, öffnet sich ein Dia-
       logfeld, in dem Sie die Tabellen der verbundenen MySQL-
       Tabelle angezeigt bekommen. Hier können Sie die zu im-
       portierenden Tabellen auswählen (siehe Abbildung 12.6
       auf der nächsten Seite).

Nach dem Import der Tabellen können Sie damit in Access weiter-
arbeiten. Stellen Sie beispielsweise die Beziehungen zwischen den
Tabellen her und entwerfen Sie Abfragen (siehe Abbildung 12.7 auf
der nächsten Seite).

Kapitel 12 – MySQL mit Access ansprechen

echt einfach – **MySQL**

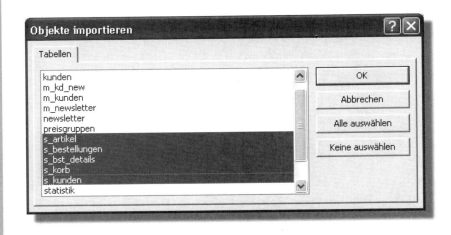

Abb. 12.6: Die zu importierenden Tabellen auswählen

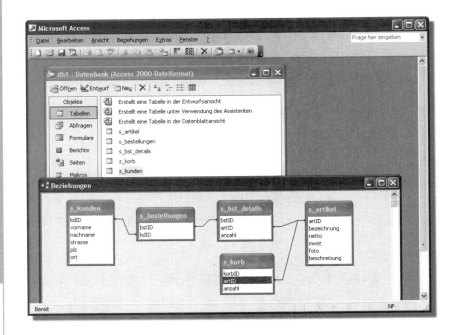

Abb. 12.7: In Access importierte Tabellen aus der MySQL-Datenbank

## 12.5 Mit verknüpften Tabellen arbeiten

Neben dem im letzten Abschnitt beschriebenen Import von MySQL-Tabellen können Sie mit dem Menübefehl DATEI / EXTERNE DATEN / TABELLEN VERKNÜPFEN analog auch eine Verknüpfung zu diesen herstellen.

Beim Anlegen der Verknüpfung muss jede Tabelle einen eindeutigen Datensatzbezeichner, also einen Primärschlüssel enthalten. Ist dieser nicht vorhanden, müssen Sie eine Kombination mehrerer Felder als Datensatzbezeichner definieren. Beim Erstellen der Verknüpfung zu den drei Tabellen des Praxisbeispiels »Mailer« müssen Sie beispielsweise für die Tabelle *m_kd_new* eine Kombination der beiden enthaltenen Felder verwenden (siehe Abbildung).

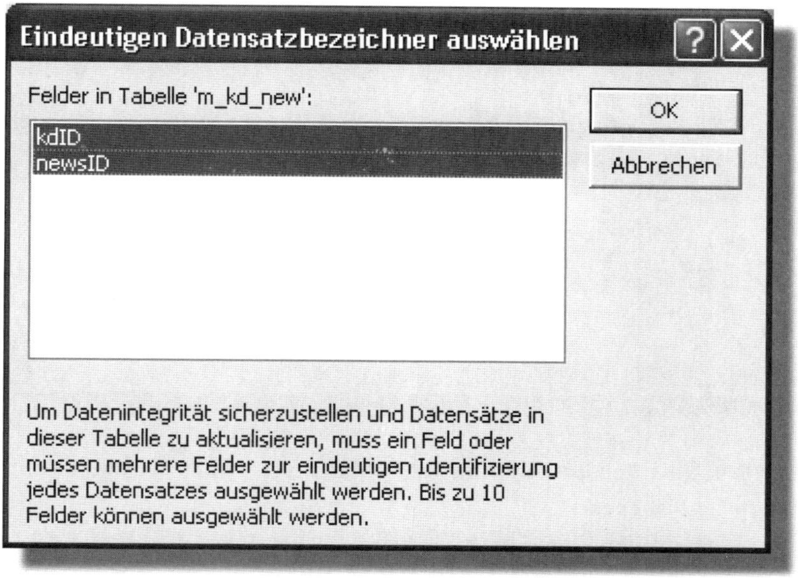

Abb. 12.8: Hier bilden zwei Felder zusammen den Primärschlüssel

Vielleicht erinnern Sie sich, dass wir in Kapitel 6 beim Entwurf der Datenbank für diese Tabelle bewusst keinen Primärschlüssel definiert haben, weil die Kombination der beiden Felder diese Aufgabe übernehmen kann.

Wenn Sie eine Verknüpfung zu den MySQL-Tabellen erstellt haben, können Sie mit Access darin schreiben. Dabei hängen die Möglichkeiten zur Eingabe natürlich von den Einschränkungen ab, die Sie möglicherweise in der zugrunde liegenden MySQL-Tabelle definiert haben.

Abb. 12.9: Über den importierten Tabellen sehen Sie oben die drei verknüpften Tabellen

In einem Feld der MySQL-Tabelle, für das ein `auto_increment`-Wert vereinbart ist, können Sie auch mit Access keine ungültigen Eintragungen vornehmen. Sie können zwar den Wert des Feldes ändern, allerdings nur, solange es dadurch keinen doppelten Wert in der Zeile gibt (siehe Abbildung auf der nächsten Seite).

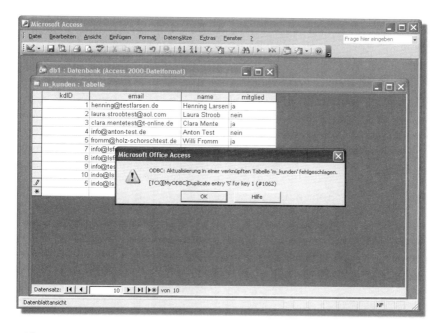

Abb. 12.10: Doppelte Vergabe von Werten im `auto_increment`-Feld auch in
Access nicht möglich

### ► #gelöscht

Der Eintrag `#gelöscht` erscheint, wenn Sie von Access aus
in einer verknüpften MySQL-Tabelle versucht haben, Änderungen vorzunehmen, die nicht umgesetzt werden können.

Wenn Sie Änderungen an der Struktur der MySQL-Tabelle vornehmen
und beispielsweise eine Spalte hinzufügen, wird dieses in Access
erst angezeigt, wenn Sie die Verknüpfung löschen und erneut wieder
aufbauen.

Kapitel 12 – MySQL mit Access ansprechen

239

## 12.6 Eine Tabelle aus Access exportieren

Um eine Tabelle von Access nach MySQL zu exportieren,

▶ 1     markieren Sie die Tabelle im Datenbankfenster von Access und wählen DATEI / EXPORTIEREN.

▶ 2     Im Dialogfeld stellen Sie dann ODBC als DATEITYP ein.

▶ 3     Im nächsten Schritt können Sie gegebenenfalls die Bezeichnung ändern, unter der die Tabelle in MySQL angezeigt werden soll (siehe Abbildung).

Abb. 12.11: Normalerweise lässt sich immer nur eine Tabelle exportieren

Mit der abschließenden Auswahl der DSN im darauf folgenden Dialogfeld DATENQUELLE AUSWÄHLEN (siehe Abbildung 12.5 auf Seite 235) wird der Export abgeschlossen. So weit klingt das alles ganz einfach. Allerdings gibt es auch hier einige Einschränkungen.

- ▣   Es kann immer nur eine Tabelle übertragen werden.

- ▣   Ein in Access vergebener Felddatentyp AutoWert wird nicht automatisch in das entsprechende auto_increment in MySQL übersetzt.

- ▣   Auch bei der Übersetzung der anderen Datentypen kann es Probleme geben.

- ▣   Um eine reibungslose Aktualisierung bei der Verknüpfung zu gewährleisten, müssen Sie zu den MySQL-Tabellen ein Timestamp-Feld hinzufügen. Dies wird dann beim Austausch zwischen Access und MySQL intern ausgewertet.

Jetzt wäre es natürlich praktisch, wenn man sich nicht um jede einzelne Übersetzungsschwierigkeit selber kümmern müsste, sondern diese Arbeit einem Programm übergeben könnte. Eine Lösung hierfür bietet das im folgenden Abschnitt vorgestellte *MySQL Migration Toolkit*.

## 12.7 MySQL Migration Toolkit

Mit dem MySQL Migration Toolkit lassen sich sehr komfortabel Tabellen von Access nach MySQL übernehmen. Das Toolkit ist lauffähig auf Windows-Versionen ab Windows 2000 sowie unter Linux. Eine aktuelle Version des MySQL Migration Toolkit finden Sie auf der MySQL-Website unter *http://dev.mysql.com/downloads*. Zusätzlich benötigen Sie ein Java Runtime Environment (JRE), das Sie gegebenenfalls unter *http://www.java.com* herunterladen können.

Starten Sie die Installation per Doppelklick auf die *MSI*-Datei und gehen Sie die einzelnen Installationsschritte mit Klick auf NEXT durch. Passen Sie gegebenenfalls das Zielverzeichnis an und führen Sie am einfachsten eine Komplettinstallation durch.

Um Tabellen von Access zu übernehmen, starten Sie das MySQl Migration Toolkit. Gehen Sie die einzelnen Schritte mit Klick auf Next durch. Access tragen Sie als Quelldatenbank ein (siehe Abbildung 12.12 auf der nächsten Seite).

Danach legen Sie MySQL als Zieldatenbank fest. Geben Sie die nötigen Zugangsdaten an (siehe Abbildung 12.13 auf der nächsten Seite).

Jetzt klicken Sie alle weiteren Schritte bis zum Ende durch. Nachdem die Übernahme abgeschlossen ist, können Sie sich in phpMyAdmin die aus Access übernommene Datenbank mit ihren Tabellen anzeigen lassen.

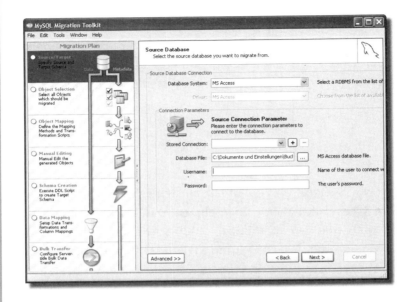

Abb. 12.12: Access ist die Quelldatenbank

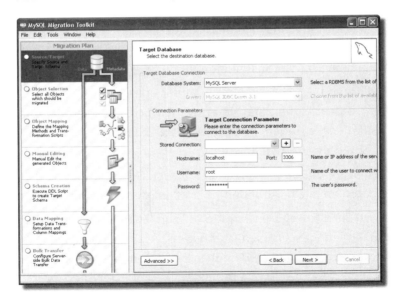

Abb. 12.13: MySQL ist das Ziel

# 13 Der eigene PC als Testumgebung

*Das lernen Sie in diesem Kapitel:*

▣ *Auch wenn Sie MySQL eigentlich nur verwenden möchten, um datenbankgestützte Webseiten zu erstellen, macht es trotzdem Sinn, Ihre Entwürfe lokal auf Ihrem PC zu testen, bevor Sie sie ins Internet stellen. In diesem Kapitel erfahren Sie, wie Sie beim Einrichten einer solchen Testumgebung vorgehen.*

*Aktuelle Infos und Downloads zu diesem Kapitel:*

▣ *Geben Sie unter* www.comborn.de/mysql *folgende Info-Nr ein:* 13my487y.

# 13.1 LAMP oder WAMP?

Der Einsatz von MySQL ist sowohl unter Linux als auch unter Windows möglich. Allgemein wird zwischen einer LAMP- und einer WAMP-Installation unterschieden. Dabei steht der erste Buchstabe für Linux beziehungsweise Windows als verwendetes Betriebssystem. Es folgen die Anfangsbuchstaben der drei Komponenten: Apache-Webserver, MySQL und PHP.

## Im Internet ist LAMP Standard

Wollen Sie Ihre datenbankgestützten Webseiten ins Internet stellen, werden Sie es vor allem mit LAMP-Umgebungen zu tun haben, da kaum ein Internet Service Provider MySQL unter Windows anbietet. In Kapitel 14 beschreibe ich Ihnen am konkreten Beispiel, wie die Einrichtung funktioniert.

## Für Testumgebung ist beides möglich

Auch wenn Sie Ihre Webseiten für eine LAMP-Umgebung entwerfen, können Sie während der Entwicklung eine WAMP-Testumgebung nutzen. Wegen der großen Verbreitung von Windows handelt es sich hierbei sogar um den gängigen Weg. Im Folgenden zeige ich Ihnen, wie Sie mit dem XAMPP-Installer ganz schnell eine WAMP-Testumgebung auf Ihrem PC einrichten.

▶ **Installation unter Linux**

Unter Linux gehört ein LAMP-Paket meist schon zur Grundausstattung, sodass Sie möglicherweise gar nichts installieren müssen. Wenn Sie jedoch beispielsweise neuere Versionen von MySQL und PHP verwenden möchten, können Sie diese mit der Linux-Variante von XAMPP komfortabel installieren.

## 13.2 WAMP-Testumgebung einrichten

Mit dem XAMPP-Installer, den Sie von *http://www.apachefriends.org* herunterladen können, lässt sich sehr einfach eine lokale Testumgebung mit MySQL, PHP, Apache und dem Administrations-Werkzeug phpMyAdmin einrichten.

### Komplettinstallation mit XAMPP

Die folgende Beschreibung bezieht sich auf Windows XP Home. Bei anderen Windows-Versionen ist das Vorgehen sehr ähnlich.

▶ 1 Starten Sie die XAMPP-Installation, indem Sie auf die EXE-Datei doppelklicken. Der Name der Datei lautete bei der Version 151 beispielsweise *XAMPP_WIN32_151_INSTALLER.EXE*.

▶ 2 Nachdem Sie die Sprache gewählt haben, öffnet sich der Installations-Assistent. Nach Klick auf WEITER können Sie das Zielverzeichnis anpassen, was aber normalerweise nicht erforderlich ist.

▶ 3 Mit Klick auf INSTALLIEREN starten Sie die eigentliche Installation, die einen Augenblick dauern kann.

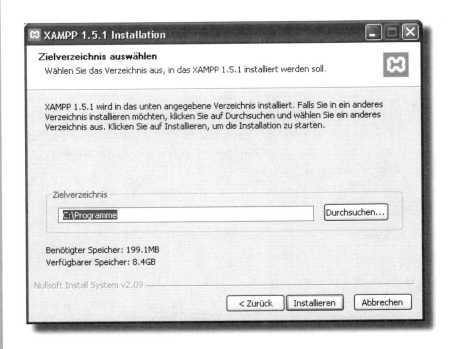

Abb. 13.1: Nach Klick auf INSTALLIEREN kann es etwas dauern

▶ 4    Zum Abschluss klicken Sie auf FERTIGSTELLEN. Damit erscheint ein Dialogfeld, in dem Ihnen angeboten wird, für MySQL und Apache so genannte Dienste einzurichten. Mit entsprechenden Diensten können Sie dafür sorgen, dass MySQL und Apache beim Hochfahren des Rechners automatisch gestartet werden. Das Einrichten von Diensten ist bei Windows 2000 und Windows XP möglich, nicht aber bei Windows 98 oder 95.

Abb. 13.2: Lassen Sie Dienste einrichten

▶ 5   Wenn Sie auf OK klicken, erfolgt zunächst die Einrichtung des Dienstes für den Apache-Webserver. Dabei erhalten Sie möglicherweise eine Meldung der Windows-Firewall, dass der Apache HTTP Webserver geblockt wurde. Klicken Sie dort auf NICHT MEHR BLOCKEN. Danach lassen Sie einen Dienst für MySQL anlegen. Das Anlegen des Dienstes für den FTP-Server können Sie überspringen.

## Apache und MySQL starten und stoppen

In der SYSTEMSTEUERUNG greifen Sie unter VERWALTUNG auf die DIENSTE zu. Hier sehen Sie, ob ein Dienst läuft und können ihn starten und stoppen. Allerdings ist angesichts der vielen aufgeführten Dienste die Orientierung etwas mühsam (siehe Abbildung 13.3 auf der nächsten Seite).

Alternativ können Sie das XAMPP Control Panel aufrufen, um zu überprüfen, ob der Apache Webserver und MySQL laufen. Dazu klicken Sie auf START / (ALLE) PROGRAMME / APACHEFRIENDS / XAMPP / XAMPP CONTROL PANEL (siehe Abbildung 13.4 auf der nächsten Seite).

Laufen Apache und MySQL, sind sie im XAMPP Control Panel mit RUNNING gekennzeichnet. Wenn Sie im XAMPP Control Panel auf STOP und danach wieder auf START klicken, können Sie damit den Apache oder MySQL neu starten. Ein Neustart kann gelegentlich

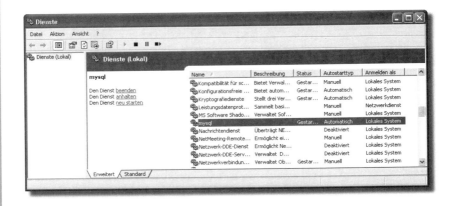

Abb. 13.3: Dienste in der Systemsteuerung bearbeiten

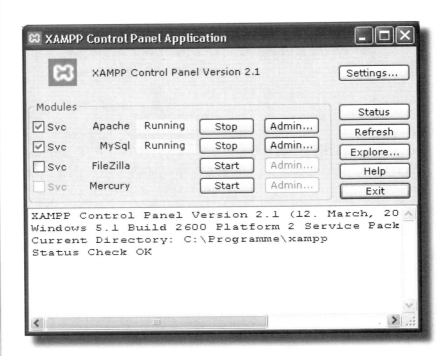

Abb. 13.4: Apache und MySQL laufen

erforderlich sein, wenn Sie an der Konfiguration von Apache oder MySQL etwas ändern. Die installierten Dienste lassen sich mithilfe der SVC-Kontrollkästchen gegebenenfalls wieder entfernen oder neu hinzufügen.

## Die Installation überprüfen

Um die Installation zu überprüfen, rufen Sie mit einem Browser die Adresse *http://localhost/* auf. Wenn Sie folgende XAMPP-Seite sehen, war die Installation erfolgreich.

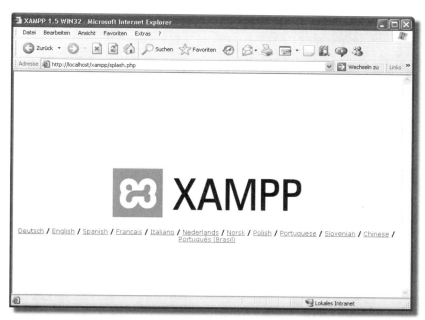

Abb. 13.5: Die XAMPP-Installation war erfolgreich

echt einfach – **MySQL**

## MySQL absichern

Sie sollten die XAMPP-Installation auf jeden Fall absichern. Dazu rufen Sie die Seite *http://localhost/security/* auf. Hier bekommen Sie zunächst eine Übersicht angezeigt, die auf potenziell unsichere Einstellungen hinweist. Auch bei einer einfachen Testinstallation sollten Sie MySQL absichern, indem Sie ein Passwort für den mit umfassenden Rechten ausgestatteten Benutzer root vergeben. Dazu finden Sie unten auf der Seite den einen Link:

*http://localhost/security/xamppsecurity.php*

Nach Klick auf den Link öffnet sich die in der folgenden Abbildung zu sehende Seite, auf der Sie das Passwort festlegen können.

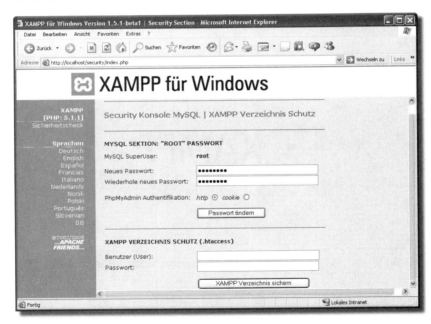

Abb. 13.6: Sichern Sie MySQL durch ein Passwort für root

Nach Klick auf PASSWORT ÄNDERN müssen Sie MySQL neu starten. Dazu können Sie beispielsweise das oben vorgestellte XAMPP Control Panel nutzen.

## Die PHP-Installation mit einem eigenen Skript testen

Bisher war immer nur die Rede von Apache und MySQL, aber mit dem XAMPP-Paket wurde auch PHP eingerichtet. So waren beispielsweise die in den letzten Schritten genutzen XAMPP-Seiten in PHP geschrieben.

### Gemeinsames Stammverzeichnis

Für alle PHP-Skripte, die Sie über localhost abrufen können, gibt es ein gemeinsames Stammverzeichnis. Bei einer XAMPP-Standardinstallation liegt das Verzeichnis unter *C:\Programme\XAMPP\htdocs*. Sie können auch über START / (ALLE) PROGRAMME / APACHEFRIENDS / XAMPP /XAMPP HTDOCS FOLDER in das Stammverzeichnis wechseln.

### Ein PHP-Skript erstellen und ausführen

Die Testumgebung ist soweit eingerichtet, dass Sie damit eigene PHP-Skripte verwenden können. Für einen kleinen PHP-Testlauf gehen Sie wie folgt vor:

▶ 1 Erstellen Sie in einem Editor eine Datei mit folgendem Inhalt:

```
<?php echo "Hallo PHP!"; phpinfo(); ?>
```

▶ 2 Speichern Sie die Datei als *test.php* im Standard-Stammverzeichnis *htdocs* der XAMPP-Installation (siehe Abbildung auf der nächsten Seite).

▶ 3 Rufen Sie im Browser die Adresse

*http://localhost/test.php* auf.

Jetzt sollte Ihnen das PHP-Info angezeigt werden, eingeleitet von Ihrem Hallo PHP! (siehe Abbildung 13.8).

Abb. 13.7: Die Datei als *test.php* im Stammverzeichnis speichern

## Die Datei index.php schützt das Verzeichnis

Wenn Sie im Augenblick *http://localhost* aufrufen, wird das im Verzeichnis *htdocs* liegende PHP-Skript *index.php* automatisch ausgeführt. Das Skript sorgt für eine Weiterleitung in das *XAMPP*-Verzeichnis. Damit wird die dortige *index.php* aufgerufen, die die XAMPP-Startseite zeigt.

Wenn Sie jetzt die *index.php* beispielsweise in *index_XX.php* umbenennen und die Seite erneut anzeigen lassen, erscheint stattdessen „it works" auf dem Bildschirm. Hierfür ist die Datei *index.html* verantwortlich, die im selben Verzeichnis liegt. Wenn Sie diese Datei ebenfalls umbenennen oder löschen und dann erneut *http://localhost* aufrufen, sehen Sie den Inhalt des Verzeichnisses (siehe Abbildung

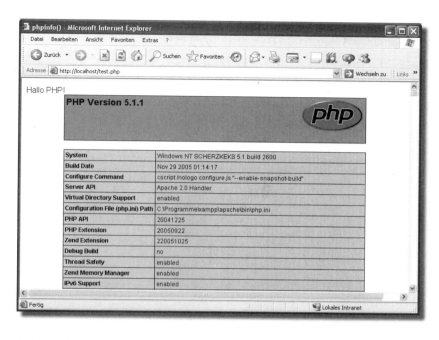

Abb. 13.8: Ihr PHP-Skript zeigt Informationen zur PHP-Installation

auf der nächsten Seite).

Um zu verhindern, dass auf diese Weise der Inhalt eines Verzeichnisses erscheint, sollten Sie also immer eine *index.php* oder eine *index.html* in das jeweilige Verzeichnis legen.

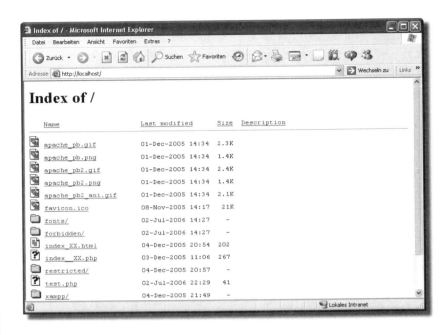

Abb. 13.9: Ohne *index.php* und *index.html* sehen Sie den Inhalt des
Verzeichnisses

## phpMyAdmin aufrufen

PhpMyAdmin ist ein praktisches Werkzeug für das Arbeiten mit My-
SQL. Alle wichtigen Operationen, wie das Anlegen von Datenbanken
und Tabellen oder die Benutzerverwaltung, sind hiermit komfortabel
möglich, ohne dass Sie sich mit Kommandozeilenbefehlen herumpla-
gen müssen.

Unter *http://localhost/phpmyadmin* können Sie phpMyAdmin aufrufen. Wenn Sie Ihre Installation anhand der Beschreibung auf Seite 250
abgesichert haben, müssen Sie sich jetzt anmelden. Als Benutzername verwenden Sie root und tragen dann das für root festgelegte
Passwort ein.

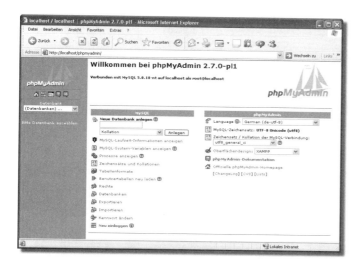

Abb. 13.10: phpMyAdmin erlaubt den Zugriff auf MySQL-Datenbanken

## Berechtigungen bei der Testinstallation überprüfen

Sie können phpMyAdmin nutzen, um sich einen Überblick über die Benutzer und deren Rechte zu verschaffen, mit denen diese auf MySQL zugreifen dürfen. Auf der Startseite von phpMyAdmin klicken Sie dazu auf RECHTE. Damit erscheint die folgende Benutzerübersicht (siehe Abbildung auf der nächsten Seite).

Die obige Abbildung zeigt, dass der Benutzer root von localhost aus (das heißt ausschließlich von dem Rechner aus, auf dem MySQL läuft) auf MySQL zugreifen darf, wenn er sich dabei mit dem für ihn definierten Kennwort anmeldet. Die Vergabe eines Kennworts ist hier wichtig, da root alle Rechte hat, was Sie am Eintrag ALL PRIV ILEGES unter GLOBALE RECHTE erkennen. Der in der anderen Zeile aufgeführte Benutzer pma wurde für phpMyAdmin angelegt und hat nicht die vollen Rechte.

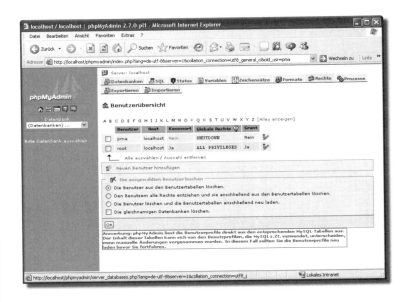

Abb. 13.11: Die Benutzerübersicht zeigt den Benutzer root

### ▶ Zweiten Eintrag für root löschen

Bei älteren Versionen von MySQL fand sich in der Regel
zusätzlich eine zweite Zeile für root. In dieser war bei
HOST der Platzhalter % eingetragen, der den Zugriff von
jedem Rechner aus ermöglicht und es war kein Kennwort
erforderlich. Sollte es bei Ihnen einen solchen Eintrag für
den Benutzer root geben, kann dieser von allen Rechnern aus ohne Kennwortangabe auf MySQL zugreifen. Die
Beschränkung des Zugriffs auf localhost ist damit nicht
wirksam und es gibt keine Zugriffsbeschränkung. Einen
solchen Eintrag sollten Sie nach Möglichkeit löschen. Dazu setzen Sie das Häkchen im Kontrollkästchen am Anfang der Zeile, wählen unten die Option DIE BENUTZER
AUS DEN BENUTZERTABELLEN LÖSCHEN und klicken darunter auf OK.

## In phpMyAdmin ein neues Passwort vergeben

Um in phpMyAdmin ein neues Passwort für den Benutzer root zu definieren, klicken Sie am Ende der Zeile auf das Symbol RECHTE ÄNDERN. Damit erhalten Sie die Möglichkeit, die Einstellungen für root zu ändern. Unten unter KENNWORT ÄNDERN können Sie ein neues Kennwort festlegen.

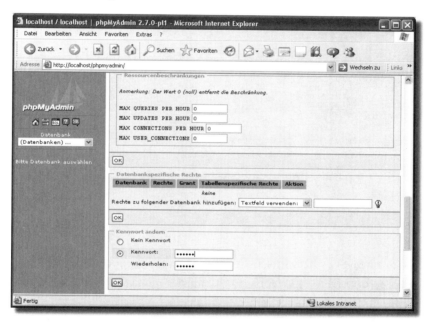

Abb. 13.12: In phpMyAdmin können Sie das Passwort für root ändern

Nachdem Sie darunter auf OK geklickt haben, wird das neue Passwort eingetragen. Ein Neustart ist bei dieser Vorgehensweise nicht erforderlich (siehe Abbildung auf der nächsten Seite).

Kapitel 13 – Der eigene PC als Testumgebung

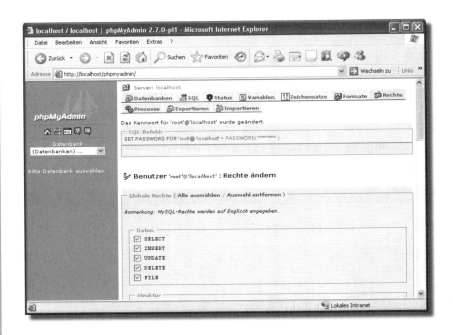

Abb. 13.13: Das Kennwort wurde geändert

## 13.3 MySQL Administrator

Mit dem MySQL Administrator steht ein Werkzeug mit grafischer Benutzeroberfläche zur Verfügung, mit der sich viele (tiefer gehende) administrative Aufgaben erledigen lassen.

In der Regel werden Sie den MySQL Administrator nur für Ihre lokale Testumgebung, nicht aber zur Verwaltung der MySQL-Datenbank bei Ihrem Provider verwenden können. Die meisten Provider ermöglichen keinen solchen Fernzugriff auf MySQL. Für die Administration Ihrer MySQL-Datenbank verwenden Sie in diesem Fall phpMyAdmin.

▶ 1 Klicken Sie nach dem Entpacken der heruntergeladenen Datei auf die enthaltene *Setup.exe*.

▶ 2 Übernehmen Sie mit Klick auf NEXT jeweils die Standarde-
instellungen und schließen Sie die Installation mit Klick
auf FINISH ab.

▶ 3 Doppelklicken Sie auf die ADMINISTRATOR-Verknüpfung,
die bei der Installation auf dem Desktop erstellt wurde.
Damit öffnet sich ein Dialogfeld, in dem Sie HOST, USER
und PASSWORD der Verbindung eintragen.

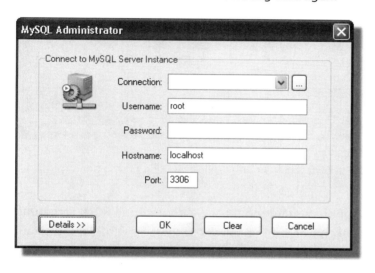

Abb. 13.14: Hier tragen Sie die Angaben zur Verbindung ein

Den Großteil der Einstellungsmöglichkeiten werden Sie am Anfang
nicht nutzen. Sie sollten auch nicht einfach irgendwelche Änderungen vornehmen, ohne genau zu wissen, was Sie tun. Verwenden
können Sie den Administrator beispielsweise, um sich unter HEALTH
einen Überblick über den Zustand der Verbindung zu verschaffen
oder unter SERVICE CONTROL den Dienst anzuhalten oder zu starten
(siehe Abbildung auf der nächsten Seite).

Unter USER ADMINISTRATION finden Sie eine Alternative zur oben
beschriebenen Benutzerverwaltung mit phpMyAdmin.

Abb. 13.15: Den MySQL-Server anhalten

Auch die in phpMyAdmin mögliche Sicherung und Rück-Sicherung von Datenbanken (wie sie in Kapitel 7 vorgestellt wird) lässt sich auf andere Weise im Administrator mit BACKUP und RESTORE bewerkstelligen.

# 14 Installation beim Provider

*Das lernen Sie in diesem Kapitel:*

■   *In diesem Kapitel möchte ich Ihnen zeigen, wie eine Installation von MySQL bei einem Internet-Provider aussehen kann.*

*Aktuelle Infos und Downloads zu diesem Kapitel:*

■   *Geben Sie unter* www.comborn.de/mysql *folgende Info-Nr ein:* 14my123a.

Kapitel 14 – Installation beim Provider

## 14.1 Apache, PHP und MySQL

Zur Verdeutlichung des Prinzips dienen das kostenlose Angebot von Lycos-tripod und ein Paket von 1&1 Webhosting als Beispiele. Beide Angebote enthalten MySQL und werden recht häufig genutzt. Mir geht es dabei aber nicht um eine Empfehlung für eines der Angebote, sondern ich möchte nur beispielhaft die Unterschiede bei der Einrichtung einer lokalen Testumgebung aufzeigen.

Wenn Sie bei Ihrem Provider ein Paket mit PHP und MySQL gewählt haben, bekommen Sie im Normalfall eine fertig installierte Umgebung vorgesetzt, in der meistens der Apache-Webserver eingesetzt wird. Um diesen Teil der Installation brauchen Sie sich also nicht zu kümmern. Allerdings gewähren Ihnen die wenigsten Provider das Recht, die vorgegebenen Einstellungen für PHP und MySQL zu ändern.

Die wichtigsten Einschränkungen bei MySQL sind, dass Sie fast überall nur eine Datenbank nutzen können und keine neuen Datenbanken anlegen dürfen. Auch das Anlegen und Ändern von Benutzern wird Ihnen im Normalfall nicht erlaubt.

## 14.2 MySQL-Zugriff meist nur mit phpMyAdmin

Bei den meisten Providern ist der Zugriff von außerhalb auf MySQL nicht gestattet. Ein Zugang über einen ODBC-Treiber von Ihrem Rechner zu Hause aus ist damit nicht machbar. Sie haben dann nur die Möglichkeit, über Skripte, die direkt in den Verzeichnissen bei Ihrem Provider liegen, auf MySQL zuzugreifen. Die Skriptsammlung phpMyAdmin bietet sich hier als Werkzeug für die Datenbankadministration an.

## 14.3 Zugriff mit vorinstalliertem phpMyAdmin

Bei vielen Providern ist auch phpMyAdmin bereits eingerichtet. Bei dem kostenlosen Angebot von Lycos-tripod ist dies beispielsweise der Fall.

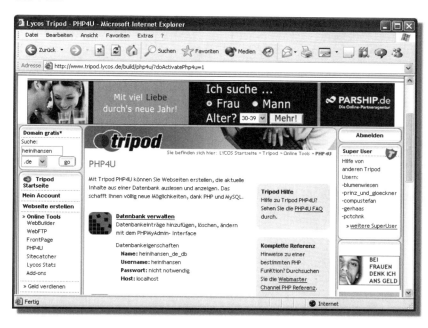

Abb. 14.1: Komplettinstallation bei Lycos-tripod

Über den Link DATENBANK VERWALTEN gelangen Sie direkt zum bereits installierten phpMyAdmin (siehe Abbildung auf der nächsten Seite).

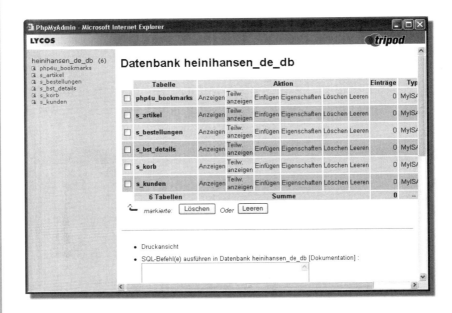

Abb. 14.2: phpMyAdmin ist bereits vorinstalliert

## 14.4 phpMyAdmin selber installieren

Sei können phpMyAdmin anhand der folgenden Beschreibung auch selber installieren.

### Ein geschütztes Verzeichnis anlegen

Erstellen Sie auf Ihrer Internetpräsenz ein neues Verzeichnis, dem Sie beispielsweise die Bezeichnung *phpmyadmin* geben. Hierhin werden Sie im nächsten Schritt die für phpMyAdmin erforderlichen Daten hochladen. Sie müssen das Verzeichnis schützen, da sonst nach der Einrichtung von phpMyAdmin jeder auf Ihre Datenbank zugreifen kann, sofern er errät, wie das Verzeichnis heißt.

Bei den meisten Providern lässt sich ein Verzeichnisschutz über das Konfigurationsmenü der Website erstellen. Die Abbildung auf der nächsten Seite zeigt dafür ein Beispiel.

Abb. 14.3: Unterstützung beim Erstellen passwortgeschützter Verzeichnisse

Genau wie das Verzeichnis mit phpMyAdmin müssen Sie auch alle anderen Verzeichnisse schützen, die Ihre Skripte mit Ihren Zugangs-daten enthalten.

## Zugangsdaten für MySQL

Von Ihrem Provider bekommen Sie für den Zugriff auf MySQL in der Regel vier Angaben:

- Datenbank: db0815

- Server/Host: 0815.provider.de

- Benutzer: p275

- Passwort: 123

Wie Sie die hier als Beispiel aufgeführten Daten bei der Konfiguration von phpMyAdmin verwenden, ist im Folgenden beschrieben.

### phpMyAdmin einrichten

Die Einrichtung von phpMyAdmin können Sie auf Ihrem lokalen PC vorbereiten:

▶ 1   Laden Sie von *http://www.phpmyadmin.net* die neueste stabile Version von phpMyAdmin herunter und entpacken Sie sie auf Ihrem PC. Dabei erhalten Sie ein Verzeichnis, das Sie beispielsweise in *phpmyadmin* umbenennen.

▶ 2   In dem neuen Verzeichnis *phpmyadmin* befindet sich die Datei *config.default.php*, von der Sie eine Kopie erstellen. Benennen Sie die kopierte Datei in *config.inc.php* um und öffnen Sie sie mit Wordpad oder einem anderen Editor.

▶ 3   Angenommen, die Internetadresse Ihrer Website lautet *http://www.tisch.de* und Sie wollen das *phpmyadmin*-Verzeichnis später auf die oberste Ebene der Website hochladen. Dann wäre phpMyAdmin unter der Adresse *http://www.tisch.de/phpmyadmin* erreichbar. Diese Angabe schreiben Sie in der Konfigurationsdatei für php-MyAdmin in die folgende Zeile:

```
$cfgPmaAbsoluteUri = 'http://www.tisch.de/phpmyadmin';
```

▶ 4   Die oben als Beispiel aufgeführten Zugangsdaten für My-SQL nehmen Sie wie folgt in die Konfigurationsdatei auf:

```
$cfgServers[$i]['host']     = '0815.provider.de';
$cfgServers[$i]['user']     = 'p275';
$cfgServers[$i]['password'] = '123';
$cfgServers[$i]['only_db']  = 'db0815';
```

▶ 5   Nachdem Sie die von Ihnen angepasste Datei *config.inc.php* gespeichert haben, übertragen Sie den Inhalt des *phpmyadmin*-Verzeichnisses per FTP in das von Ihnen angelegte geschützte Verzeichnis *phpmyadmin*. Damit ist phpMyAdmin fertig eingerichtet.

# 15 Grundbegriffe nachschlagen

■ Wenn Sie über einen im Buch verwendeten Begriff stolpern, hilft Ihnen hoffentlich dieses Kapitel weiter.

■ Im Folgenden erkläre ich einige Begriffe und Abkürzungen, die im näheren oder weiteren Zusammenhang mit MySQL stehen. Dabei handelt es sich meistens um Bezeichnungen, die ich im Buch verwende.

■ Ich habe aber auch ein paar Dinge aufgenommen, mit denen Sie sich auseinander setzen müssen, wenn Sie sich beispielsweise im Internet auf die Suche nach Antworten zu MySQL machen.

Dieses Kapitel ist in erster Linie zum Nachschlagen gedacht! Alle Einträge sind im Index des Buches aufgeführt. Diesen Aufbau habe ich gewählt, damit Sie für Begriffe, die Sie noch nicht kennen, eine Erklärung finden, ohne dafür Kapitel voller Informationen durchlesen zu müssen, die Ihnen schon bekannt sind.

Damit es trotzdem möglich ist, alle Erklärungen nacheinander zu lesen, habe ich die einzelnen Begriffe nicht alphabetisch sortiert, sondern zu Themenblöcken zusammengefasst. Ich hoffe, auf diese Weise Lesern mit unterschiedlichen Vorkenntnissen gerecht zu werden.

## 15.1 Thema Datenbank

Da es sich bei MySQL um ein Programm zum Verwalten von Datenbanken handelt, kommen Sie an der ganz eigenen Begriffswelt zu diesem Thema nur schwer vorbei.

### RDBMS

MySQL ist ein »Relationales Datenbank-Management-System« (kurz RDBMS). Hiermit werden Programme bezeichnet, die zur Verwaltung von relationalen Datenbanken dienen. Im Buch verwende ich den gebräuchlichen, etwas kürzeren Begriff Datenbanksystem. An anderer Stelle werden Sie vielleicht auch auf die Bezeichnung Datenbankserver treffen, die aber genau das Gleiche meint.

Wenn man es ganz genau nimmt, stimmt der Satz: »MySQL ist eine Datenbank« also gar nicht. Es gibt zwar eine (MySQL)-Datenbank, die die Daten enthält, aber das Programm, mit dem die enthaltenen Daten bearbeitet werden, heißt korrekterweise (MySQL-)Datenbanksystem.

### MySQL

MySQL wird seit 1995 von einem schwedischen Unternehmen entwickelt. Die offizielle Aussprache lautet »Mai Ess Ku Ell«. Schon der Name hat es in sich: SQL steht für »Structured Query Language« und bezeichnet eine Datenbankabfragesprache.

### SQL – Structured Query Language

Die »strukturierte Abfragesprache« SQL wurde in den Siebzigerjahren von IBM erarbeitet. In den letzten Jahren hat sie sich als Standard für relationale Datenbanken (siehe unten) durchgesetzt.

Bis zur Festlegung des Standards SQL-89 durch das ANSI (siehe unten) im Jahre 1989 gab es keine herstellerunabhängige Definition von

SQL. Seitdem sind zwei weitere durch Jahreszahlen gekennzeichnete Richtlinien verabschiedet worden: SQL-92 und SQL-93 (SQL-3).

Viele kommerzielle Datenbanksysteme unterstützen heute ganz oder teilweise die ANSI-Norm SQL-92. Da aber fast alle Hersteller eigene Erweiterungen ergänzt haben, unterscheiden sich die SQL-Varianten der einzelnen Produkte teilweise erheblich. Auch bei MySQL gibt es gegenüber SQL-92 eigene Erweiterungen und einige Funktionen, die nicht unterstützt werden. In Kapitel 7 erfahren Sie mehr zu den Möglichkeiten, die Ihnen SQL bei der Arbeit mit MySQL bietet.

## ANSI – American National Standards Institute

Die amerikanische Normungsbehörde ANSI hat zahlreiche international gebräuchliche Standards im Computerbereich erarbeitet. Hierzu zählt beispielsweise der ANSI-Zeichensatz, der unter Microsofts Betriebssystem MS-DOS eingesetzt wird. In unserem Zusammenhang sind vor allem die ANSI-SQL-Standards von Interesse (siehe oben).

## Das relationale Datenbankmodell

Die Datenbankfunktionen von MySQL basieren auf dem relationalen Modell. Das relationale Datenbankmodell wurde 1969 in den Labors von IBM entwickelt. Unmittelbar in Zusammenhang damit steht die Entwicklung von SQL (siehe oben).

In der Theorie der relationalen Datenbanken ist die Rede von Relationen, Attributen und Tupeln, während sich allgemein die folgenden in Klammern stehenden Bezeichnungen durchgesetzt haben:

- Relation (Tabelle)
- Attribut (Tabellenspalte, Feld)
- Tupel (Tabellenzeile, Datensatz)

In einer relationalen Datenbank werden die vorhandenen Daten so weit strukturiert, dass sie in miteinander verbundenen Tabellen gespeichert werden können. Dadurch wird eine wesentlich höhere Verarbeitungsgeschwindigkeit ermöglicht als bei einem unstrukturierten Datenbestand.

## Primärschlüssel

Bei Tabellen in einer relationalen Datenbank sorgt der so genannte Primärschlüssel für die eindeutige Kennzeichnung der Datensätze. Meistens wird für den Primärschlüssel eine Spalte mit einer Zahl verwendet, die selbstständig hochgezählt wird. In MySQL steht hierfür die Funktion auto_increment zur Verfügung. Beim Eintrag eines neuen Datensatzes in eine so vorbereitete Tabelle wird automatisch die nächsthöhere Zahl als Kennzeichen vergeben. Hierüber lässt sich der Datensatz eindeutig identifizieren. Vergleichbar ist das Ganze beispielsweise mit einem Autokennzeichen, über das sich ja auch der zugehörige Fahrzeughalter ermitteln lässt.

## Fremdschlüssel

Primärschlüssel (siehe oben) werden nicht nur gebraucht, um die einzelnen Datensätze eindeutig beschreiben zu können, sie sind auch beim Definieren von Beziehungen zwischen mehreren Tabellen von großem Nutzen. Eine Tabellenspalte, die den Primärschlüssel einer anderen Tabelle enthält, wird Fremdschlüssel genannt. In Kapitel 6 zeige ich Ihnen, wie Beziehungen zwischen Tabellen in dieser Form aufgebaut werden.

## Normalisierung

Beim Anlegen einer neuen Datenbank lassen sich viele grundlegende Fragen über die so genannte Normalisierung klären. Wie viele Tabellen sind sinnvoll? Was soll darin dargestellt werden? Wie viele Spalten sollten in welcher Tabelle angelegt werden? Wie sehen die Beziehungen zwischen den Tabellen aus?

Die Normalisierung erfolgt stufenweise anhand von Regeln, die in so genannten Normalformen zusammengefasst sind. Wie Sie die ersten drei Normalformen zum Optimieren eines Datenbankentwurfs einsetzen, erfahren Sie in Kapitel 6.

## ODBC – Open Data Base Connectivity

Schnittstelle, um auf verschiedene Datenbanksysteme zugreifen zu können. In Kapitel 12 geht es darum, von Access aus auf MySQL per ODBC zuzugreifen.

# 15.2 Thema Internet

MySQL hat sich als Internet-Datenbanksystem etabliert. Wenn Sie MySQL bei der dynamischen Erzeugung datenbankgestützter Webseiten einsetzen wollen, sollten Ihnen zumindest ein paar grundlegende Internetvokabeln vertraut sein.

## WWW – World Wide Web

Wenn vom Internet die Rede ist, dann ist meistens das World Wide Web (oder kurz: Web) gemeint. Dieser Internetdienst ermöglicht es dem Benutzer, im Internet zu »surfen«, das heißt Texte und Grafiken aus aller Welt zu empfangen und im Browser anzeigen zu lassen.

Kapitel 15 – Grundbegriffe nachschlagen

## Webseite/Website

Eine einzelne im Web aufgerufene und im Browser angezeigte Seite wird als Webseite bezeichnet. Alle Webseiten, die im Web unter einer gemeinsamen Adresse (wie *www.comborn.de* oder *www.franzis.de*) zu erreichen sind, bilden zusammen eine Website (oder kurz: Site).

## Webserver

Zum einen nennt man Rechner, die Webseiten im Web bereitstellen, Webserver.

Zum anderen bezeichnet man auch die Software selbst, die auf dem Webserver-Rechner läuft, als Webserver. Apache ist ein sehr verbreiteter Webserver. Ein Webserver lässt sich über einen Browser ansprechen. Er sendet aufgerufene Webseiten an den Browser, führt Skripte aus oder kann Datenbankabfragen veranlassen und übermitteln.

## HTML – Hypertext Markup Language

HTML ist die Sprache, in der Webseiten geschrieben werden. HTML-Dateien enden auf *.htm* oder *.html*. Webseiten werden auch als HTML-Dokumente bezeichnet. HTML basiert auf SGML (Standard Generalized Markup Language), einer genormten Darstellungsmethode für strukturierte Dokumente.

Bei der Beschreibung mit HTML wird dabei im so genannten Quelltext lediglich die Struktur festgelegt, in der eine Webseite im Browser angezeigt werden soll. So wird beispielsweise die Überschrift eines Textes als solche gekennzeichnet und später größer dargestellt als der normale Text. Auch wenn die Struktur damit immer gleich wiedergegeben wird, kann das konkrete Layout bei der Anzeige sehr unterschiedlich sein. In Kapitel 4 erhalten Sie eine »Kurzeinführung HTML«.

## XML – eXtensible Markup Language

Genau wie HTML basiert auch XML auf SGML. Seit Februar 1998 ist XML ein W3C-Standard (siehe unten). Anders als HTML, das nur die Form des Seitenaufbaus beschreibt, enthält XML auch Angaben darüber, wie die Inhalte zu interpretieren sind.

## W3C – World Wide Web Consortium

Das W3-Konsortium ist ein von verschiedenen Internetfirmen gegründeter Interessenverband, der vor allem zur Festlegung von Webstandards dienen soll. Ende 1999 wurde die HTML-Version 4.01 vom W3-Konsortium als neuer offizieller Standard verabschiedet.

## TCP/IP

TCP/IP steht für »Transmission Control Protocol/Internet Protocol«. Mit diesem Anfang der Siebzigerjahre entwickelten Protokoll wurde es möglich, eigenständige Netzwerke so miteinander zu verbinden, dass jeder Rechner eines Netzwerks mit allen anderen Rechnern des Netzes kommunizieren konnte. Mitte der Achtzigerjahre wurde mit TCP/IP die Basis für das heutige Internet gelegt.

## Backbone

Die Hauptdatenleitungen des Internets werden als »Backbone« (dt.: Rückgrat) bezeichnet. Im übertragenen Sinne sind Backbones die Autobahnen des Internets. Sie bilden das Hochgeschwindigkeitsnetzwerk mit großer Bandbreite, über das lokale Netze oder Einzelrechner miteinander verbunden sind.

## HTTP – Hyper Text Transfer Protocol

Protokoll zur Datenübertragung im Web. Das HTTP baut auf dem Internetprotokoll TCP/IP auf. Die Abkürzung *http* ist Bestandteil jeder Webadresse.

## URL – Uniform Resource Locator

Adresse eines Objekts im Internet (dt.: einheitliche Ressourcenadresse). Für Seiten im Web beginnt die URL immer mit dem dort verwendeten Übertragungsprotokoll *http://*.

## IP-Adresse

IP steht für »Internet Protocol«. Um eine zuverlässige Datenübertragung zu gewährleisten, werden alle Rechner im Internet über eine eindeutige Nummer identifiziert. Ein Teil dieser so genannten IP-Adressen ist jeweils statisch einem Rechner zugeordnet. Der andere Teil wird dynamisch vergeben, sobald sich jemand mit seinem Rechner in das Internet einwählt. Ein Internet-Surfer, der nacheinander mehrere Webseiten aufruft, lässt sich also im Normalfall anhand der IP-Adresse identifizieren. IP-Adressen werden als 32-Bit-Zahlen geschrieben und können beispielsweise 217.82.253.159 lauten. Dabei werden vier Zahlenwerten zwischen 0 und 255 angegeben, die durch Punkte voneinander getrennt sind.

## DNS – Domain Name System

Dieser Internetdienst übersetzt anwenderfreundliche, verständliche Internetadressen wie z. B. *www.franzis.de* in die zugehörigen numerischen IP-Adressen.

## Domain

Im Internet haben Gruppen zusammengehöriger Computer einen bestimmten gemeinsamen Namen, den Domainnamen. Der Domainname ist Bestandteil der URL und wird beim Aufruf der Internetseite angegeben, also beispielsweise *www.tagesschau.de.* Dabei ist »tagesschau« der Domainname und »de« das Länderkürzel der so genannten Top-Level-Domain.

Wenn Sie über eine eigene Internetpräsenz verfügen möchten, müssen Sie im Normalfall einen Provider (siehe unten) damit beauftragen, für Sie bei der DENIC (siehe unten) die Domain einzutragen und dafür den Account (siehe unten) einzurichten.

## DENIC

Das DENIC ist die zentrale Vergabestelle für alle Domains, die auf ».de« enden.

## Internet-Service-Provider (ISP)

Internet-Service-Provider oder kurz Provider sind Unternehmen, die Internetdienstleistungen anbieten. Dabei geht es entweder um den Zugang zum Internet, Ressourcen (Speicherplatz, Rechenzeit) für Webseiten etc. oder um Inhalte. Ein Provider kann lediglich eine oder auch mehrere dieser Funktionen übernehmen.

Mittlerweile gibt es eine ganze Reihe von Providern, die fertig konfigurierte Pakete im Angebot haben, bei denen MySQL und PHP genutzt werden können.

## Account

Ein Account ist ein eigenständiger, abgeschlossener Bereich auf einem Server des Providers (siehe oben). Die wörtliche Übersetzung lautet »Konto«. Ähnlich, wie Sie über Geld verfügen können, das auf Ihrem Konto bei Ihrer Bank liegt, können Sie auf Ihre Internetseite, Ihre E-Mails, Ihre MySQL-Datenbank etc. über Ihren Account bei Ihrem Provider zugreifen.

## FTP – File Transfer Protocol

FTP ist ein Dateienübertragungsprotokoll, das auf dem Protokoll TCP/IP (siehe Seite 273) basiert. Mit FTP kann man Dateien von einem anderen Rechner herunterladen (engl.: download) oder auf ihn hochladen (engl.: upload). Programme, die diese Übertragungsweise beherrschen, werden als FTP-Programme bezeichnet. Um eine Webseite ins Internet zu stellen, laden Sie diese mit einem FTP-Programm auf Ihren Account (siehe oben) hoch.

## 15.3 Thema Programmierung

Damit Sie Ihre MySQL-Datenbank von einer Webseite aus ansprechen können, benötigen Sie eine Programmiersprache. PHP bietet sich hier wegen der guten Integration in HTML an.

## PHP – PHP Hypertext Preprocessor

PHP ist eine Skriptsprache, deren Befehle direkt in HTML-Dokumente geschrieben werden können. Beim Aufruf eines PHP-Skripts im Browser wird dieses vom Webserver (siehe Seite 272) ausgeführt und das Ergebnis wird im normalen HTML-Format (ohne PHP) angezeigt. In Kapitel 5 erhalten Sie eine »PHP-Kurzeinführung«.

In der ersten Version von 1994 stand PHP für »Personal Home Page Tools«. Mit der Weiterentwicklung durch die Open-Source-Gemeinde (siehe Seite 280) erhielt die Sprache dann die neue, sich auf sich selbst beziehende Abkürzung.

## Maschinencode

Ein Computer ist eine Maschine, die letztlich lediglich zwei Zustände unterscheiden kann: 0 oder 1. Damit Computer Programme ausführen können, benötigen sie diese im für Maschinen lesbaren binären Zahlenformat. Erst, wenn das Programm in Form einer langen Reihe von Nullen und Einsen als Maschinencode vorliegt, kann es auf dem Computer laufen. Maschinensprache ist schwer zu programmieren, da sie an der Hardware ausgerichtet ist und nicht wie die höheren Programmiersprachen am Benutzer.

## Quellcode

Programmiersprachen wie C++, Java, Perl oder auch PHP arbeiten mit Begriffen, die Menschen leichter zugänglich sind. Bei der Programmierung wird dann auf der Grundlage der Begrifflichkeit der jeweiligen Programmiersprache ein so genannter Quellcode erstellt. Dieser ist im Vergleich zum Maschinencode besser verständlich, muss aber im nächsten Schritt noch in die maschinenlesbare binäre Form gebracht werden.

## Kompilieren

Als Kompilieren wird der Vorgang bezeichnet, bei dem der Quellcode des Programms von einem entsprechenden Programm (Compiler) in den für Computer verständlichen Maschinencode übertragen wird.

## PHP-Interpreter

Skriptsprachen wie PHP werden nicht im Vorfeld kompiliert (siehe oben). Beim Aufruf des Skripts übernimmt ein so genannter PHP-Interpreter die Übersetzung in Maschinencode (siehe oben) und die Ausführung des Programms. Die »Übersetzung« wird nicht gespeichert, weshalb der PHP-Interpreter das Programm jedes Mal neu interpretieren muss, um es ausführen zu können.

Um selbst geschriebene PHP-Skripte zu testen, müssen diese vom PHP-Interpreter interpretiert werden. Dazu reicht es nicht, die Dateien einfach aus einem beliebigen Verzeichnis im Browser zu starten. Erst nach Installation einer lokalen Testumgebung, wie in Kapitel 13 beschrieben, können Sie Ihre PHP-Skripte auf Ihrem Rechner ausprobieren.

### PHP-Parser

Der PHP-Parser ist Teil des PHP-Interpreters (siehe oben). Der PHP-Parser überprüft, ob sämtliche Eingaben im Programmcode den gewünschten Anforderungen genügen und ob alle notwendigen Daten vorhanden sind. Wenn der PHP-Code fehlerhaft ist, wird vom PHP-Parser eine Fehlermeldung übermittelt und das Skript wird nicht ausgeführt.

### CGI – Common Gateway Interface

Das CGI beschreibt als »allgemeine Datenaustausch-Schnittstelle«, wie der Webserver (siehe Seite 272) und ein CGI-Programm kommunizieren. Im Rahmen dieses Buches ist vor allem interessant, dass der PHP-Interpreter (siehe oben) als CGI-Programm eingebunden werden kann. Diese Variante wird von einigen Providern angeboten. Etwas schneller in der Ausführung ist die Variante, bei der der PHP-Interpreter als Apache-Modul installiert wird.

### LAMP

Die Abkürzungen LAMP und WAMP bezeichnen jeweils aus Betriebssystem, Webserver, Datenbanksystem und Programmiersprache bestehende Umgebungen, die zur Entwicklung und zum Betrieb von datenbankgestützten Webseiten eingesetzt werden.

In einer LAMP-Umgebung werden Linux, Apache, MySQL und PHP eingesetzt. Analog kommen in einer WAMP-Umgebung Windows, die Windows-Version von Apache, die Windows-Version von MySQL und die Windows-Version von PHP zur Anwendung.

In Kapitel 13 erfahren Sie Näheres über LAMP- und WAMP-Installationen und ich zeige Ihnen, wie Sie auf Ihrem Rechner eine Testumgebung einrichten.

## OOP – object-oriented Programming

Das Ziel der objektorientierten Programmierung ist es, in mehreren Programmen wiederverwertbare Quellcode-Elemente zu schaffen. So genannte Klassen bilden die Grundlage des objektorientierten Programmierens. Mit PHP ist diese Art der Programmierung auch in Ansätzen möglich. In Kapitel 8 erfahren Sie, wie Sie mit PHP eine Klasse für den Zugriff auf MySQL erstellen.

## Betaversion

Die Betaversion einer Software ist eine frühe Version eines Programms, die vor dessen offizieller Veröffentlichung abgegeben wird. Betaversionen können noch einige Programmfehler, so genannte Bugs enthalten.

Kapitel 15 – Grundbegriffe nachschlagen

## Open Source (dt.: offene Quelle)

Die Open-Source-Bewegung geht auf die Kooperation von Programmierern zurück, die den Quellcode (siehe Seite 277) der von ihnen programmierten Software veröffentlichen. Open-Source-Programme können und dürfen von allen weiterentwickelt werden, die ihre Arbeitsergebnisse anschließend wieder der Allgemeinheit zur Verfügung stellen. Linux ist sicherlich das bekannteste Open-Source-Projekt.

Auch für Open-Source-Software gibt es Lizenzen, die sich bei der Definition, was »offen« ist, zum Teil erheblich unterscheiden. Um einen gewissen Standard zu schaffen, hat die Open-Source-Initiative (OSI) einen Katalog von Anforderungen aufgestellt, die eine Lizenz erfüllen muss, um als Open-Source-Lizenz anerkannt zu werden. Unter *http://www.opensource.org* kann diese Open-Source-Definition eingesehen werden.

## GPL – GNU General Public Licence

Software, die unter der GPL steht, kann frei benutzt, modifiziert und weitergegeben werden. Die einzigen Einschränkungen sind, dass man keine weiteren Einschränkungen bei der Weitergabe auferlegen darf und dass die Lizenz an sich nicht verändert werden darf. Das bedeutet, dass abgeleiteter Code wieder unter der GPL stehen und damit wieder frei verfügbar sein muss. Die GPL ist in diesem Sinne ansteckend. Unter *http://www.gnu.de/gpl-ger.html* finden Sie eine Übersetzung der Lizenz. Auch MySQL steht unter der GPL. Es gibt allerdings auch die Möglichkeit, eine kommerzielle MySQL-Lizenz zu erwerben.

# Index

Index

285